浙江省教育厅科研项目(20051581)
浙江财经学院学术专著出版资金资助(2007年度)

ZHONGGUO FANGDICHAN
SHUISHOU FAZHI DE BIANQIAN YU GAIGE

中国房地产税收法制的变迁与改革

杨大春 著

江苏大学出版社

图书在版编目(CIP)数据

中国房地产税收法制的变迁与改革/杨大春著. —镇江：江苏大学出版社，2007. 12
ISBN 978-7-81130-019-2

Ⅰ. 中… Ⅱ. 杨… Ⅲ. 房地产业-税收管理-法制史-研究-中国 Ⅳ. D922. 181. 2 D922. 220. 2

中国版本图书馆 CIP 数据核字(2007)第 188416 号

中国房地产税收法制的变迁与改革

著　　者/杨大春
责任编辑/陈　燕　许　龙
出版发行/江苏大学出版社
地　　址/江苏省镇江市梦溪园巷 30 号(邮编：212003)
电　　话/0511—84446662
排　　版/镇江文苑制版印刷有限责任公司
印　　刷/丹阳市教育印刷厂
经　　销/江苏省新华书店
开　　本/850 mm×1168 mm　1/32
印　　张/7. 25
字　　数/160 千字
版　　次/2007 年 12 月第 1 版　2007 年 12 月第 1 次印刷
书　　号/ISBN 978-7-81130-019-2
定　　价/20. 00 元

目　录

第一章　绪　论

近 10 年来，房地产业拉动内需，贡献财政，已经成为我国新的经济增长点。作为国计民生的结合点和社会神经的敏感处，房地产已深深吸引了千家万户的目光，直接影响了寻常百姓的生活方式。正因为如此，近年来房地产问题，包括房地产税收问题、房地产法制问题，在学术界备受关注。为了深化财税法学理论研究，推进国家房地产法制改革，作者不揣谫陋，爬抉梳理，完成此书，期望能为我国房地产税收法制建设作出贡献。

一、研究背景

目前，我国已经出版的房地产类书籍可谓种类繁多，不胜枚举。其中，与本书主题房地产税收及法制相关的著作也为数不少，大致可分为房地产法学和房地产税收学两类。

房地产法学方面的研究成果以法学界为主，已经出版了一些高等院校的专业教材和学术专著，如《中国房地产法研究》（蔡耀忠著，2002）、《房地产法研究》（金俭著，2004）、《房地产交易法律问题研究》（刘武元著，2002）、《房地产法论》（赵勇山主编，2002）等。这些著作主要集中研究我国的房地产立法，以 1994 年通过的《中华人民共和国城市房地产管理法》为基本法律，以物权法学为基本理论，确立了我国目前房地产法的研究中心，达到了一定规模和水平。

2004 年金俭教授的专著《中国住宅法研究》，第一次将房地产法研究集中于房地产的核心——住房法律问题，是对我国房地产法研究的一大突破。房地产法是对与房地产事务有密切关系的法律法规的统称，其调整对象除了房地产产权和房地产开发、建设、交易、抵押的程序等方面外，还包括国家对房地产和相关对象的税收法制。但由于税收问题通常属于经济学研究领域，所以上述著作对房地产税收法制都没有展开相应的研究。

我国在房地产税收方面的研究又可分为土地税收和房地产税收两个领域。土地税收的研究长期受到经济学界的关注，研究成果相对丰富。房地产税收研究在民国时期和改革开放之前都鲜为人所关注，其真正的研究发展是伴随着我国近 20 年来房地产业的壮大而发展起来的，目前专家仍以经济界的实务操作人员和理论界的教学科研人员为主。房地产税收的代表性研究成果有《房地产税收理论与实务》（李进都编著，2000）、《中国房地产税制研究》（邓宏乾著，2001）、《房地产税收论》（陈多长著，2005）、《房地产租费税改革研究》（王洪卫等编著，2005）等。

为了加快实施房地产税制改革，国务院发展研究中心和美国林肯土地政策研究院联合成立了“中国不动产税改革课题组”。作为官方的研究机构，其数据资料来源可靠，研究观点和成果更具实用性。2005 年 2 月和 2006 年 5 月，课题组分别召开了中国城市房地产税费改革国际研讨会和中国不动产税改革国际研讨会，研究成果汇编成《中国不动产税收政策研究》和《中国不动产税制设计》。这两本著作对房地产(不动产)税制改革的意义、原则、方案都有十分详细的探讨,可以说是目前为止我国这一领域内的综合性和代表性著作。

虽然房地产法学和税收学研究都可以说成就斐然,但不足之处也很明显。就研究者而言,目前从事房地产法研究的都是法学专业人士,从事房地产税收研究的都是财税界专家,彼此缺乏交流与沟通。就研究内容而言,上述成果或者是房地产的物权债权学研究,或者是房地产的税收经济学研究,二者之间也存在学科隔裂。然而,每一项房地产税种的确定,都是立法的产物;每一项房地产税种的征管都是法律在经济领域的实践与运用,将来必定要开征的物业税更加体现了法律物权学说与经济税收学说的结合。

本书试图将房地产法学、房地产税收经济学、比较法学、法律史学结合起来,深入研究税收经济与法制的关系,提出房地产税收法制的改革目标及方案,成为一本关于中国房地产税收法制改革的兼具历史学、法学、经济学著作。古人云:"虽不能至,心向往之。"希望本书是有益的尝试。

二、研究框架

本书以研究我国房地产税收法制的变迁与改革为中心,分为六章,包括对我国房地产税收法制的基础性研究(历史变迁研究)和应用性研究(当前改革研究)。各章的主要内容分别是:

第一章,绪论。本章首先介绍全书的研究背景和研究框架,然后阐述全书的基础理论,界定全书所涉及的基本概念,特别是中国税制、房地产、税收、变迁、改革等名词术语，为后文深入研究作铺垫。

第二章，源远流长——中国房地产税法的历史变迁。本章论述了我国自东晋时开征契税，创建最早的房地产税收制度以来，房地产税收法制的主要变化过程。根据各时期的主要特点，本章分为：① 契税领军的东晋至明清时期；② 西潮拍岸的晚清至民国时期；③ 潮落潮起的新中国五十余年三个阶段。在各阶段中分别介绍了当时房地产税收的主要制度，以及各项税法在实体方面的基本内容。

第三章，自成一体——当代中国的房地产税法体系。本章介绍我国当前的法律渊源、各部具有不同法律渊源的税法共同构成的当前房地产税法体系、税收征管法以及各类税收实体法。本章以税收实体法为中心，分别介绍了与房地产有关的各主要税收实体法基本内容，从中可见我国现行房地产税法体系的概貌。

第四章，美中不足——中国房地产税法存在的问题。本章从立法、实体和征管三个方面指出我国目前房地产税法体系尤其是税收实体法方面存在的主要问题。本章上承前章税法的介绍，在此基础上进一步发现问题，为下文的中外税制比较，并在比较中寻求解决问题的途径，探索我国房地产税收法制的改革方向和方案作准备。

第五章，他山之石——国外及中国港台地区的房地产税法。本章共介绍了美国、英国、法国、日本、中国香港地区、中国台湾地区等六个国家和地区的房地产税收法制。在对这些税法制度进行性质分析和归类的基础上，总结出这些税法的主要模式、基本特征和启示，从中发现当今世界主要发达国家和地区房地产税制的共性，为进一步发现我国房地产税制的优缺点及改革模式寻找外部参照。

第六章，建言献策——中国房地产税法改革的建议与对策。本章以当今学界在房地产税法改革中的主要成果为基础，在与前章其他国家和地区房地产税收制度比较研究的前提下，总结得出我国房地产税收法制改革的五项主要任务，从而为进一步推动我国的房地产税收法制改革出谋划策。这五项主要任务分别是：第一，改善税收立法体制；第二，改革各项税收实体法制；第三，加强税收征管执法，包括建立健全房地产产权登记和价值评估制度；第四，完善税收诉讼程序，建立公正高效的司法机制；第五，改革其他配套制度，改善税收环境，培育现代税收意识。

三、基本概念

本书题名《中国房地产税收法制的变迁与改革》，其中各名词都是本书的基本概念，亦有其特定含义。为了准确表达和理解本书内容，以下对这些基本概念作必要的界定。

（1）中国税制。由于历史和政治原因，目前中国存在着四种不同税制，即中国大陆税制、中国香港地区的税制、中国澳门地区的税制以及中国台湾地区的税制。本书研究中国大陆现行的房地产税制，并以港澳台地区的相关税制作为比较和参考。

（2）房地产、不动产。本书所研究的房地产是指各类房屋，以及用来承载房屋的土地。房地产是一种不动产。作为法律概念的不动产在各国立法中有多种定义。如罗马法以土地为不动产，地上之物属于土地，固着于土地之建筑物及其他各物，为土地之构成部分,故亦为不动产。有学者认为“我国现行法,以土地、附着于土地的建筑物及其他定着物、建筑物的固定附属设备为不动产”①。可见不动产与房地产的概念有所区别,不动产的外延范围更广,除房地产外,还包括道路、桥梁、树木等对象。但是,不论关于不动产的定义和范围存在多少差异,有一点是共同的,即都以土地及附着于土地的房屋为不动产的主体。并且在很多情况下,人们已经习惯于将不动产视为房地产的同物异名,将二者都英译为Real Estate。因此,除非特别说明,本书在使用不动产概念时即指房地产。

(3) 房地产税收。在我国目前的税制中,并没有一个独立的房地产税种,而只有房产税、城镇土地使用税、土地增值税、契税等一些与房地产业有关的税种。本书所研究的房地产税收并非法律专用名词,而是出于对这些相关税种的研究需要而将它们加以概括后的名称。可以说,房地产税收是对与房地产相关的各税种的总称。房产税、城镇土地使用税、土地增值税、契税等均是房地产税收范畴中各个具体税种的专有名称。

(4) 变迁、改革。“人事有代谢,往来成古今。”中国的房地产税收制度即使自东晋时期的估税算起,也已经有了一千七百年左右的历史。在漫长的岁月流逝里,中国的房地产税收制度经历了以契税为中心的传统税制、晚清至民国的仿效西洋尝试建立现代税制、建国后的波折时期、改革开放以来的建设时期等几大不同阶段,构成了绵延近两千年的中国房地产税收史。“变迁”是历史的概念,从此概念出发,本书陈述和研究中国房

① 《北京大学法学百科全书》编委会. 北京大学法学百科全书:民法学 · 商法学卷. 北京:北京大学出版社,2004:75.

地产税收制度的历史流变、特色和经验教训等。“改革”是现实的概念，指当前中国房地产税收制度存在的主要问题及改革的方向，包括一些初步的税收制度设计等。

房地产税收制度的改革是我国当前税制改革的重点，也是税收领域理论研究的重心。近10年来，实务和理论界做了许多调查研究工作，发表了大量的学术论文和专著。本书在广泛参考和借鉴这些成果的基础上，整理、归纳和总结了我国房地产税收法制的变迁轨迹与改革原则、改革目标和改革方案。对书中所引用的学术成果，依照规范作出注释说明。

四、基础理论

（一）房地产税的构成

我国现行税收制度是在1994年税制大调整后的基础上形成的，至2007年总共有23个税种（增值税、消费税、营业税、关税、企业所得税、外商投资企业和外资企业所得税、个人所得税、房产税、城市房地产税、耕地占用税、城镇土地使用税、土地增值税、契税、印花税、车辆购置税、车船税、资源税、屠宰税、筵席税、固定资产投资方向调节税、城市维护建设税、船舶吨税、烟叶税），其中固定资产投资方向调节税已经暂时停征，实际开征的是22个税种，屠宰税和筵席税由地方政府自主决定是否开征。2006年1月1日起，我国正式废止了农业税（包括牧业税）。根据第十届全国人民代表大会第五次会议2007年3月16日的决议，从2008年1月1日起施行《中华人民共和国企业所得税法》，实行内外资企业所得税合并，废止外商投资企业和外国企业所得税的独立税种。所以，从2008年1月1日起，我国实际开征的税种调整为21个。在这21个税种中,并没有一种独立名称的房地产税。

房地产税是实践中对涉及房地产行业的财产、行为、所得或资源税收的统称。从目前的税种设置看,有12种税收与房地产行业有关。这12种税收又可分为与房地产直接相关的7种和与房地产行业(特别是与房地产企业)有间接关系的5种。本书主要研究的就是有直接关系的7种税收。这7种税分别是:房产税、城市房地产税、城镇土地使用税、耕地占用税、契税、土地增值税和营业税。

目前多数有关房地产税收的著作中,未将营业税列入与房地产有直接关系的税种,因为营业税的征税对象包括销售不动产、转让无形资产和提供应税劳务三大类,有多个税目,房地产只是其中之一。但是,营业税是目前房地产销售和转让中的一大税种,对房地产税收收入和房地产市场价格影响甚巨。"2004年,来自房地产业的税收(不包括耕地占用税、契税、关税,下同)为1 369.6亿元,约占当年全国税收收入的5.7%。其中,营业税收入816.2亿元,占60.0%;各类企业所得税收入360.4亿元,占26.3%……由此可见,房地产业的主要税收是营业税和各类所得税。"①目前,国家在调控房地产市场时,也很注重营业税的作用,如2006年6月16日,财政部、国家税务总局联合发布《关于调整房地产营业税有关政策的通知》,自2006年6月1日起对个人转让房地产行为开征营业税。

另外5种与房地产企业或业务有间接关系的税收是:企业

① 王静.房地产企业税收优惠政策与避税筹划技巧点拨.北京:企业管理出版社,2006:11-12.

所得税、外商投资企业和外国企业所得税、个人所得税、印花税和城市维护建设税。现行的教育费附加和城市维护建设税一样，都是增值税、消费税和营业税的三税附加税，所以也可以将其视为一种与房地产行业有间接关系的税收。其中营业税、外商投资企业和外国企业所得税、个人所得税、印花税、城市房地产税、城镇土地使用税、土地增值税、契税都适用于在华外籍人士和企业。

（二）房地产税的特点

房地产业作为以土地改良和不动产保存与经营为基础的特定行业，本身就具有很多不同于其他行业的特点，如空间固定、资源稀缺及不可再生、开发周期长、保有时间持续、经营及保有方式多样、价值通常与时递增、牵涉相关法律主体及所组成的法律关系复杂等。综观房地产税收法制理论与实践，可将其主要特点归纳如下：

1. 固定于一定地区，具有区域性

房地产税与增值税、消费税、营业税等流转税不一样，它不是以商品生产、商品流通和劳动服务的流转额为征税对象，而是针对固定不变的房地产物业及其相关行为和所得征税（当然房地产本身的物理形态在建设中会发生变化，所有权和使用权也会发生转移和流动；此处“固定不变的房地产物业”是指房地产的空间位置以及房地产在相对稳定时的物理形态）。“土地是财富之母。”人类生活、生产等一切生存活动最终都离不开房地产。房产具有相对不变的固定性，房产必定要基于地产而存在，与地产之间具有不可分割性。地产总是固定于某一区域，具有

不可移动性、唯一性和不可再生性。生存必需性、形态及位置固定性和不可再生性,使得房地产成为最主要的不动产。当大多数商品随着时间流逝而贬值时,房地产通常会随着时间的延续而增值。

因为房地产的固定性,房地产税的税源只能固定于某一区域,房地产税也因而具有区域性。这是在现代分税制国家,房地产税普遍属于地方税的根本原因。

2. 税基宽广,税源稳定,可税时间长,具有持续性

房地产是社会各行各业存在与发展的物质基础,是千家万户安身立命、成家立业的基本需求。可开征税收的房地产不仅包括生活用房,而且包括经营用房、生产用房、办公用房等。可以说天下广厦千万间,无一例外都可以属于房地产税收的考虑对象和征收范围。而且,土地具有固定性、稳定性,房产同样具有相对的固定性、稳定性。作为不动产的核心,其物质形态基本是牢固不变的。因此,对房地产开征税收,除了具有其他税种的强制性、无偿性和固定性等共性外,还具备税基宽广,税源稳定,征税对象直观,可税时间长的特征。可以说区域性、稳定性、持续性是房地产税区别于其他税种的基本特性。

3. 跨生产、流通两个领域,内容繁杂

房地产行业从取得土地使用权、开发土地、建造房产,到销售房产、取得房产、保有房产、再流转房产等,一座房产的建造和维护往往要经历很多过程。从经济上看,它要横跨生活、流通两个领域,从法律上看它要形成土地出让、设计、建筑、买卖、居间、担保、保有、流转、行政管理、物业管理、劳动等多种法律关系,牵

涉到集体和国家土地使用权、房产所有权、房产占有权和使用权、共有权、处分所有权、指向房地产的物权或债权等多项权利与义务。因此,房地产业包含的内容和关系复杂,税收种类多样,可以成为研究多项税收的联结点,同时也丰富了税收征管的内容,加大了税收征管的难度。

4. 计税依据、纳税方式、纳税时间、纳税地点等有特殊规定

房地产业的开发建设往往要持续相当长一段时间,跨地区、跨月份和跨年度的建设及会计核算都是平常之事。这就导致房地产业在纳税时的计税依据、纳税方式和纳税地点上常常与其他行业有所差别,如营业税、企业所得税。房地产开发企业在开发期间如不实行预销售,没有经营收入,无需缴纳营业税和所得税。如果都将房产建好后作为现房销售,又会导致在销售期间没有大笔支出(经营成本、销售费用、管理费用和财务费用忽略不计)。这样就会使得房地产开发企业在有的月份或年份里完全无需纳税,而在有的月份或年份里又纳税过于集中,税负过重。即使在同一时间付款,因为房地产业所牵涉的资金数额往往很大,开发方和购货方一时都难以承受,因此有一次性付款的,也有分期付款的,还有抵押贷款、按揭付款的,还有以房易房、以地易房、合作建房的等等,资金筹集和缴付方式的多样性和复杂性远远超过其他行业。

此外,随着经济发展和社会流动的加剧,房地产开发和建筑企业到外地开发或承包工程,房地产交易人在外地购买或卖出房地产的现象非常常见。因为不同税种,规定的纳税地点不同(如增值税、所得税实行属人原则,营业税和其他房地产税实行

属地原则),所以税法需要针对房地产业开发周期长、跨地区经营频繁、付款方式多样的特征,对计税依据和纳税方式、纳税时间、纳税地点等作出特殊规定。

5. 产业成本和费用结构复杂,税率和计税方法需特殊调整

房地产业在经营中既要考虑土地的价值,还要考虑地上建筑物(即房产)的价值,有时还要考虑地上其他附着物的价值。而各项指标的价值本身又不是一成不变的,有些建筑物和附着物可能随着时间的增加而贬值,土地通常情况下则会随着时间的延续而增值,从而形成所谓的土地价值级差。在城市快速发展、市场需求旺盛的形势下,这些价值级差甚至会与日俱增,迅速扩大。因此,房地产税收涉及的产业成本和费用结构不同于一般的税收,显得更加复杂,税法在税率和计税方法上也需要作出特殊调整。如房产税在实行从价计征时需要以房值原值一次减除10%~30%的扣除比例后的余值作为计税依据。又如土地增值税,税法规定在隐瞒、虚报房地产成交价格、提供扣除项目金额不实、转让房地产的成交价格低于房地产评估价格,又无正当理由时,应按照房地产评估价格计算征税。

6. 纳税环节多,税负重

房地产业建设周期长,建成后的销售周期在正常情况下也比其他货物商品的销售周期长,销售后的保有周期更长。从土地使用权的取得,到房屋的正常使用和保有,房地产业通常需要经历开发期、销售期、保有期、再流转和再保有期等多个时期,因此也形成了房地产纳税的多个环节。即使在房地产保有阶段,因为保有住房用于个人和家庭生活居住、保有住房用于个人和

家庭经营、保有住房用于出租等各种原因，使得相同房地产的实际价值各不相同，在征税时都务必加以区分。如房产税的征收，就要区分居民生活用房、居民生产经营用房和非居民用房；居民生产经营用房又要分为自己经营用房和出租房。自己经营用房按从价计征法缴纳房产税，出租房按从租计征法缴纳房产税。此外，由于二手房销售和转让等原因，也会导致同一处房地产多次流转，多次纳税。加之房地产的开发、取得、保有和流转过程长，经济形态多样，因此国家开征税种多（有直接关系的 7 种，间接关系的 5 种，占我国现行税种的一半以上），税负重。

7. 房地产税制变动多，影响大

房地产税不仅是国家的重要财政来源（尤其在地方财政收入中所占比重逐步扩大），也是国家调节国民经济的重要手段，不仅有聚财的作用，同时兼具显著的调节作用，是主要的税收杠杆之一。所以，国家特别注重对房地产税收法制和政策的调整，以稳定房地产业。房地产业与社会大众日常生活联系紧密，其税制变动常常会直接导致公众和房地产企业对房地产建、销、租、存、用等决策的影响。如自 2003 年起，全国房价开始进入新一轮上涨周期，特别是在北京、上海、广州等城市，房价曾经节节攀升，短期投机行为盛行。国家为了维护大众利益，促进社会和谐，开始连续下发财政部、发改委、建设部、税务总局、人民银行总行的联合文件，频繁采取调整税收、利息等手段平抑房价，稳定市场。这些新政策法规的出台牵涉到许许多多企业和民众的切身利益，对房地产税收和市场都产生了相当大的影响。尽管如此，房地产市场上的供求关系并没有得到扭转，作为房价基础的地价也没有下降，房产涨价之风依然在震荡中一路走高。这说明房地产税收具有一定市场调节作用,但不可孤立使用和任意拔高。

(三)房地产税的作用和意义

"衣、食、住、行",人类生存繁衍的基本物质基础少不了住,再加上生产经营中对房地产的需求,必然使得房地产成为与人类生活联系最紧密的产业。特别是我国改革开放已将近30年,人民群众普遍积聚了一定或相当的物质财富,对房地产的需求也在不断提高。高需求必然带来高消费,高消费必然带来高税源,当国家对这一领域加强管理,特别是加强税收征管后就会相应带来较高的财政收入。尤其自1990年以来,随着住房体制的改革、住房公积金及住房贷款的推广和居民自有住房占有率的提高,房地产业已成为拉动各地经济增长的支柱性行业,房地产收入在国民收入总额中的比例逐步提高,在国民经济发展中的地位举足轻重。

税收(包括房地产税收)对于一个国家国民经济的作用是聚集财富(聚财)和调整经济——特别是影响市场的投资和消费方向(调节)。一方面对于地方政府而言,其首先关注的往往是房地产税收的聚财作用,所以房地产税在中央和地方财政分立的体制中都是作为一种地方税而存在;另一方面对于整个国家而言,房地产税没有成为一个单独税种。相对于增值税、营业税、所得税这些大税种而言,房地产税占国家税收收入总额的比例仍然有限。可见,就国家全局而言,房地产税应更加注重调节经济的作用。处理好房地产税收的调节和聚财关系,是国家制定房地产税收法制应该遵循的基本思路。

从聚财和调节这两个基本点出发,房地产税收作用的具体内容十分丰富，尤其表现在：第一，增加地方财政收入。在发达国家，房地产税收已经成为地方财政收入的主要来源（70%左右）。目前，在我国和其他一些发展中国家，房地产税收在地方财政收入中所占比重还不大（东部发达地区约占50%，中西部欠发达地区约占30%～40%）。因此，房地产税收在现在和将来对于增加地方财政收入都具有不可低估的作用。第二，促进社会公平。以税收手段迫使多占地占房、占好地好房的富裕人群多缴税，拿出更多财富参与公共产品再分配；同时，降低或减免中下层民众的税负，帮助他们获得应有的住房设施，实现居者有其屋的目标。第三，影响土地利用方式，提高土地利用效率。例如开征土地闲置税、空地税等，提高土地的开发利用速度和集约度，以便科学、合理、高效地利用土地，尽量使有限的土地资源发挥最大效率。第四，一定程度上抑制房地产投机和房价过快上涨，稳定市场秩序，维护经济正常发展。通过针对性地开征或减免、停征税种，或者有针对性地调高或降低税率等方法，可以发挥税收对房地产市场的调节作用。

因为房地产税收在国民经济和民众生活中的重要性，所以房地产税收研究（包括房地产税收的经济学研究和法制研究）的意义不仅在于探究真理，而且还在于检视现实。只有以理论为指导，以超越现实之上的眼界审视和分析中国的房地产税收法制，才能提出科学合理、切实可行的改进意见。

（四）房地产税收与税法的关系

税收与税法是两个紧密联系，而又严格区别的不同概念。

1. 税收

税收是指以国家为主体，为实现国家职能，凭借政治权力，按照一定标准，无偿取得财政收入的一种特定分配形式。税收是政府收入的最重要来源，是一个具有特定含义的独立的经济概念，属于国家财政范畴。税收现象起源极早，可以说在人类社会生产力发展到一定水平，有了社会剩余产品，进入阶级社会，形成国家以后就有了税收。税收随着国家的产生而产生。《史记》有言："自虞夏时，贡赋备矣。"可见早在夏朝时，我国就有了税收制度。夏商周三代将税收称为"贡""助""彻"等，后来又有了"赋""租""税"等不同名称。当前我国的税收体制是1840年鸦片战争后从西方国家逐渐引入的，是中国社会现代化的产物。相对于传统税收制度和其他财政收入形式，现代税收具有强制性、无偿性和固定性三个显著特征：

（1）强制性，指国家以社会管理者的身份，凭借政权力量，以国家机器为保障，用法律、法规等形式规定民众的纳税义务，并依照法律强制征缴。纳税人如拒不承担纳税义务，就将承担法律责任，依法受到惩罚。

（2）无偿性，指税务机关征税后，税款即成为国家财政收入，不再归还纳税人，国家也不为此向纳税人支付任何报偿。然而，这种无偿性只是针对税收的一个环节而言。如果将税收置于整个公共财政的大背景下考察，税收只是公共财政的第一阶段，即取得阶段；公共财政经过取得、保管阶段后，最终还要进入使用阶段，即通过公共财政计划（主要是国家预算），制造公共产品，用于公共服务，回报社会。它经过一系列流程，最终还是要返还服务于纳税人。通常所说的税收"取之于民，用之于民"

就是这个流程的形象说法。所以,税收关系实质上是纳税人与国家之间用于交换公共产品的一种契约关系,税收是纳税人一方交付的标的物。纳税人在依法纳税前,是税收契约关系的债务人,而国家则为债权人。纳税人在依法缴纳税收后,则转化为税收契约关系的债权人,国家则为债务人。国家需要通过遵照预算法,使用国家财政,提供公共产品,偿还债务,使得广大纳税人实现税收债权。

(3) 固定性,指国家在征税前,以法律形式预先规定征税范围、征收比例、征收方法和法律责任等税法要素,征纳双方都必须共同遵守法律,依法纳税、依法收税和承担法律责任。税收固定性是依法治税的重要内容,既是国家拥有稳定财政收入的保障,也是民众不必多纳税、早纳税,而是合法进行纳税筹划,依法保护其私有财产、保护其私权力免受国家公权力侵犯的保障。税收固定性的关键在于税法,固定有效的税收取决于固定有效的税法。

2. 税法

税法是国家制定的、用以调整国家与纳税人之间在征税纳税方面权利与义务关系的法律规范的总称。税法和预算法是民众纳税人与国家征税人之间的契约法。税法是国家法律的重要组成部分,是国家税务机关及一切纳税单位和个人依法征税、依法纳税的行为规则。税法不仅规定民众的纳税义务,也保护纳税人的合法权利。税法和预算法在法律体系中地位的崇高,制定程序的公正,贯彻实施的严格是一个国家具有现代民主法制精神、政治昌明、社会和谐的标志。税法具有集中性、相对性、多样性、规范性和广泛性等特征。

（1）集中性。我国的税收立法权集中于中央。地方非经授权，不得任意开征、停征税收或者变更税种、税目、税率，不得制定与国家税法相抵触的法律规范和文件。对此，2001 年颁布的《中华人民共和国税收征收管理法》第 3 条明确规定：税收的开征、停征以及减税、免税、退税、补税，依照法律的规定执行，法律授权国务院规定的，依照国务院制定的行政法规的规定执行。任何机关、单位和个人不得违反法律、行政法规的规定，擅自作出税收开征、停征以及减税、免税、退税、补税的规定。

当然，税收立法权的集中性，并不代表地方政府完全没有立法权。这种集中是相对的。在集中前提下，在国家统一税收立法允许的范围内，地方政府也有权根据本地区的实际情况适当制定税法。根据我国《宪法》及其他相关法律的规定，有权参与税收立法和政策制定的机关有：全国人民代表大会及其常务委员会，省、自治区、直辖市人民代表大会及其常务委员会，国务院，财政部，国务院关税税则委员会，国家税务总局。

（2）相对性。税收法律体系按照自身的功能和作用不同，可分为由税收基本法构成的第一层次法律，由税收实体法和税收程序法构成的第二层次法律，由各单行税收法律的实施细则或规定构成的第三层次法律等三大层次。

税收基本法，就是国家关于税收法律关系的基本性、一般性问题的法律。它要以法律形式明确规范税收立法和执法中的最基本、最普遍问题，如税收的立法原则、税权划分、立法程序、税收管辖原则、纳税义务人的权利和义务、税法要素等。我国的第一部税收基本法目前仍处在制定之中。

税收实体法是指确定税种立法，具体规定各税种的纳税人、征税对象、税目、税率、纳税地点、纳税环节、纳税期限等税法要素的法律。《中华人民共和国房产税暂行条例》《中华人民共和国土地增值税暂行条例》等都属于税收实体法。税收实体法具有一税一法的基本特征，一部税收实体法就是相对于一个特定时期的特定税种而存在，具有很强的相对性。

税收程序法是指税务管理方面的法律，主要包括：税务机关组织法、税收征收管理法、税务检查工作规程、发票管理办法、税务复议处理法和纳税程序等。我国目前最主要的税收程序法是1993 年 1 月 1 日起施行的《中华人民共和国税收征收管理法》。

（3）多样性。税收涉及国家政治、经济生活的方方面面。由于征税对象的不同和征税目的及征税效率的多方面要求，许多国家都实行复合税制。我国目前已经立法开征的税收有 22 种，相应地，我国现行税收实体法就有 22 部，可见税法具有明显的多样性。但这 22 部税法中只有 2 部是全国人大及其常委会制定的法律，其余 20 部都是由国务院制定的行政法规，立法层次不高。

（4）规范性。无论哪一种税，也无论征税对象如何多样，征税的计算公式和税率如何千差万别，但税法的形式结构都基本相同，都由纳税人、征税对象、税目、计税依据、税率、纳税环节、纳税期限、纳税地点、减税免税、法律责任等要素构成。这就是说，各种税法的形式结构已经形成了一个基本模式。所以，税法结构在多样性中还具有规范性的特征。

（5）广泛性。税收的涉及面十分广泛。企业、个人要缴税，生产环节、流通环节要缴税，财产、资源、所得要缴税，某些行为还要缴税。西方社会有句名言："人的一生，只有税收和死亡是不可超越的。"有税收的地方就是税法适用的地方。因此，税收的广泛性必然决定了税法适用的广泛性。

3. 税法的主要内容

税法的主要内容是税收法律关系,此关系体现为国家征税与纳税人纳税的利益分配关系。在总体上,税收法律关系与其他法律关系一样,也是由主体、客体和内容三个部分构成。

(1) 主体,指税收法律关系中享有权利和承担义务的当事人。在我国税收法律关系中,主体一方固定的是代表国家行使征税职责的国家机关,包括国家各级税务机关、海关和财政机关。征税机关代表国家征收的税款必须立即缴入国库,不能挪作他用,不准税务机关自行截留。税收法律关系的另一方主体是履行纳税义务的人,包括法人、自然人和其他组织。对这种权利主体的确定,我国采取属地兼属人原则,即在华的外国企业、组织、外籍人、无国籍人等,凡在中国境内的,有收入来源的,都是我国税收法律关系的主体(在具体的税收实体法中,再划分为居民纳税人和非居民纳税人)。

(2) 客体,指主体的权利、义务所共同指向的对象,也就是课税对象。所得税法律关系的客体就是生产经营所得和其他所得;流转税法律关系的客体就是货物销售收入或劳务收入;房地产税法律关系的客体就应当是因为对房地产的占有、使用、处置而产生的收入。

(3) 内容,指主体各方所应当享受的权利和承担的义务,这是税收法律关系中最实质的部分,也是税法的灵魂。它具体规定了主体应当有什么行为,不应当有什么行为,如果违反了税法的规定,应该如何处罚等。

根据税法的调整对象和法律性质,通常认为税法属于国家经济法部门。但学界对经济法作为一个独立的法律部门的性质有不同看法，有学者主张经济法不能成为独立的法律部门，而应当根据不同法律情况，分别归入行政法和民商法中。① 本书认为，根据经济法是国家调整经济关系的法律的性质，可以将经济法归属于大的行政法部门。但经济法所包括的内容既丰富，又集中，完全有必要成为一个单独的法律部门。

4. 税收与税法的关系

税收与税法是税务行为和税务研究中密不可分的两个概念。税收是国家凭借政治权力向社会取得收入的一种方式，具有强制性、无偿性和固定性的特点。税法则是对税收征纳双方权利与义务关系的确认规范，体现国家意志，并由国家强制力保证实施。因此，税法与税收是同一对象的不同方面。

(1) 税收必须严格依照税法规定的范围、标准和程序进行，税法制约和调整因税收而发生的各种社会关系。税收的合法性依据于税法，税收是源自于税法的活动。税法是税收的法律表现形式，税收是税法所确定的具体内容。税法和税收在本质上是一致的，二者有共同的任务、目的和作用。

(2) 税收属于经济领域内的分配环节，而税法则是反映这一经济活动的上层建筑。因此，二者之间又有明显区别。税收决定税法，税法反过来规范税收，为税收服务。税收的对象是一定范围内国家集中的部分国民收入，税法调整的对象则是一种社会关系，即税收法律关系。

(3) 二者的作用不同。税收的作用主要体现在四个方面：

① 法学界关于经济法与民商法、行政法等部门法关系的争论详见：王全兴. 经济法基础理论专题研究. 北京：中国检察出版社，2002：3－6.

第一,组织财政收入。这是税收的最基本职能。国家为了行使自己的职能,需要有足够的财力基础,而这种财力基础主要依赖于财政收入。税收是国家财政收入的最主要来源。第二,调控国家经济。税收作为国家经济政策和财政政策的重要组成部分,对社会生产、分配、交换和消费的每个环节都起着调控作用。第三,保障和监督经营管理。税收与企业的生产经营、财务管理、成本核算等各个方面都有密切联系,企业必须在严格的财务管理、成本核算的基础上,才能依法及时交纳税款。国家通过对纳税人依法征税,并加强税务稽核管理,监督和保障企业进行生产经营、财务管理、成本核算等。第四,维护国家政权。国家政权是税收产生和存在的必要条件,而国家政权的存在又依赖于税收的存在。没有税收,国家机器就不可能有效运转。同时,税收分配不是按照等价原则和所有权原则分配的,而是凭借政治权力,对物质利益进行调节,体现国家支持什么、限制什么的原则,从而达到巩固国家政权的政治目的。

税法的作用主要体现在确认税收法律关系和保障税收法律关系的实现两个方面。确认税收法律关系即通过税法明确国家的各个纳税主体与征税主体,以及各个主体的税收权利与义务,明确课税对象、课税标准、课税时间和方式等,使得征纳各方都有法可依,既必须依法承担自己的税收义务,也可以依法保障自己在税收征纳过程中的权利。税法保障税收法律关系实现的作用主要表现在税法的强制性上。孟子云:“徒法不足以自行。”税收法律责任也是税法的重要组成部分。如果税收法律关系当事人任何一方不能依法承担自己的税收义务,就可能影响到税务收入的正常取得,从而影响国家的财政收入和行政能力。因此,税法规定各种违犯税法行为应承担的法律责任,赋予纳税人向国家行政和司法机关申请救济和保护的权利。同时，税法也明确赋予国家税收机关和司法机关追究各种税收法律责任，包括行政处罚和刑事制裁的权力。通过税收法律责任的规定，税法既可以保障纳税人的正当权利不受侵犯，又保障国家通过税收取得财政收入。

(4) 二者的原则及价值目标不同。税收是一种经济手段，效率是税收的核心原则。通过征税而增加国家的财政收入是税收的基本目标，也是税收的根本价值体现。除了效率原则，在追求利益最大化的前提下，税收也还要贯彻公平原则。税法的根本作用是规范和保障国家税收的正常取得。作为一种法律，税法的根本原则是规范，包括征税种类、征税数量等实体方面的规范，也包括征税时间、征税方式等程序方面的规范。通过规范的税法，确立国家税收的各种规则，衡量各方当事人的对错得失，保护税收法律关系双方的权利和义务，使税收征管工作有法可依，依法而行，从而建立稳定的国家税收体系。实现征税纳税的目的是税法的基本价值。税收的目的是保证公共财政收入，税法的目的是保证完成税收和保护完成过程中征纳双方的权利。

第二章 源远流长
——中国房地产税法的历史变迁

上古时期,先民们由穴卧野处到构巢而居,开始了原始的“房地产”活动。其后,随着生产力发展,阶级分化,国家形成,房地产税收制度也在不同地区次第而生。我国房地产税收制度产生较早,至少可追溯至公元5世纪的东晋时期,但内容比较简单,长期以契税为主。可以说,契税构成了我国古代封建国家在房地产领域的唯一稳定税种。到1840－1842年的第一次鸦片战争之后,西风东渐,社会转型,中国进入由传统向现代演化的近代时期。此时,西方的许多经济制度,包括房地产税收制度逐步传入我国,开启了我国现代房地产税收制度的探索和建设时期。

一、契税领军——东晋至明清

(一)古代契税制度的沿革

税收是国家存在的基础,萌芽于氏族公社晚期。当人类生产力获得提高,有了比较稳定的剩余产品后,就具备了税收产生的前提。当人类步入阶级社会,形成国家,社会分工进一步扩大,有了脱离直接生产领域的国家管理和守卫人员之后,就具有了税收产生的必要性,并且也有了最初的税收。在最初的夏商周三代奴隶制时期就已有税收，其名称分别叫作“贡”“助”“彻”。[①] 有学者将“贡”定性为“税收的原生形态”，“助”和“彻”则为“贡的转化”。[②]12-15 但是这一阶段里的税收主要是农业租税（赋）和徭役，内容非常简单。虽然该阶段可能陆续出现了盐贡（税）、人头税和其他杂税，但比重不大，但却可能有了简单的房地产税收。周代，政府有过“廛布之征”。“廛”本意为城市平民房地，“廛里”即城中住宅。“廛”又进一步引申为“税收”，即《诗经·伐檀》中所歌风的“不稼不穑，胡取禾三百廛兮？”。《礼记·王制》又曰：“市，廛而不税。”

黄天华先生认为周代的“廛布”是“入市商人租用国家货栈储放货物所缴纳的税费”，“敛布”，则是“对于开设店铺从事经营的商人，所征收的店铺税或摊铺税”。[②]35 如此，则廛布或敛布都有可能是我国最早的房地产税收形态。在周代之后，直到魏晋时期的漫长历史中，目前未见对房地产税收的记载。中国的房地产税收有确切证明的起源是契税，其制度产生于东晋，直到清代结束。在此期间，断断续续也有过一些短时间或小范围的其他房地产税收。

契税及其他房地产税收制度的演变情况大致如下：

1. 宋以前——契税与交易税混合期

我国契税制度的萌芽可追溯至东晋时期。东晋时，朝廷

① 关于中国社会性质的演变，本书采纳中国大陆史学界的主流观点，即以夏商西周为奴隶制时期，春秋战国为转型时期，秦为第一个封建王朝，晚清和民国组成的近代为半殖民地半封建社会，是又一个转型时期。

② 黄天华．中国税收制度史．上海：华东师范大学出版社，2007.

规定凡是进行奴婢、牛马、田宅等重大交易时，当事人双方都应当立有契约文券。朝廷照文券所载金额的4%抽税入官，其中卖方承担3%，买方承担1%，称为估税。估税的征税对象并不是所买卖的奴婢、马牛或田宅，而是为买卖这些货物而订立的文券，即交易契约，相当于后世的契税。不立文契的买卖行为，一经政府发现，相同以4%税率收税，名曰散估。由此可见，在东晋时期虽然产生了我国历史上最早的契税，但并未与交易税相分离，尚处于契税与交易税混合时期。估税和散估，"历宋、齐、梁、陈，如此习以为常"①。唐和五代时期，仍然采用东晋的契税与交易税混合征收制度。如唐德宗建中三年(782年)，向交易双方抽收5%的交易税。五代时，凡订立房地产买卖契约，官府都要抽税。

在南北朝时，出现过一种店肆税。该税亦称邸店税，是对店肆拥有者所课之税。该税的目的可能是欲对店铺主的经营行为征税，具有营业税性质，但它毕竟是直接针对店铺主的店铺房屋征税，因而又具有财产税，特别是房地产税的性质。店肆税在南梁时应该开征过，北朝的北魏、北齐也开征过此税。②193,222

间架税产生于藩镇割据、中央权力松散、财政困窘的唐建中四年(783年)。间架税即针对民众拥有的房产征税，其计税依据是房屋数量。在数量基础上根据房屋质量，将其再分为上中下三等，分别课征。间架税属于房产保有环节的财产税。因为该税使民间负担过重，扰民极深，次年即被废除。②304

---

① 赵翼. 陔余丛考：卷二十七. 湛贻堂，1790(乾隆五十五年)：20.

② 黄天华. 中国税收制度史. 上海：华东师范大学出版社，2007.

唐之后的五代至北宋时期，开征过屋税。该税以城镇及城郊居民为纳税人，以居民在纳税范围内的住所房屋为纳税对象，是一种典型的财产税中的房地产税。屋税按月征收，区别于流通环节的契税，成为一种房地产保有环节的税种。[①343]

2．宋代——契税制度确立期

宋代因着唐代国门开放、商贾繁荣的气象，加之边患不靖、国土分裂所造成的对银两的大量需求，致使市场流通和海外贸易持续活跃，以至臻于我国古代商品经济发展的高峰。与民间商品交换行为增多相伴随，朝廷也创立了许多新的经济法制，包括税收制度。北宋开宝二年（969 年），宋太祖诏令天下：民间典卖田宅，必须一律照契价向官府纳税。官府收税后对契约加盖印章，承认其合法性。官府所收之税称为契税。当事人申报缴纳契税的期限为契约订立之日起两个月内，违者按匿税断罪。自此，正式开创了我国的契税制度。朝廷为了保证契税的征收，防止偷漏税，还首次规定买卖契约的格式，发行由官府统一印制的契券。这在中国契约史上也属首次创举。此外，宋代还颁行了限期投契纳税、过税离业方可成交等一系列契税和房地产交易管理制度。

宋代民族矛盾激烈，边患连绵。在北方大漠草原上，曾先后出现过数个少数民族政权，如西夏、辽、金和蒙古。其中金国曾开征租赁税，对在城市和郊区租赁房屋者征税。[①458]这是我国古代房地产税收中的一种行为税。

---

① 黄天华. 中国税收制度史. 上海：华东师范大学出版社，2007.

3. 元明两代——契税制度继承期

元明两代都继承了宋代的契税制度,并有所革新。元代明确将交易税与契税分离,使契税成为一项独立税种。《至元条画》规定:"诸人典卖田宅、人口、头匹、舟舡物业,应立契据者,验立契上实值价钱,依例收办正税外,将本用印关防每本宝钞一钱。无契本者便同偷税究治。"①此处的"正税"指货物交易税,又称"商税"。"用印关防每本宝钞一钱"即指交易税之外,对契约所征税收,即"契税"。此税作为"正税"之外的一项附加税存在。"每本"指官府统一印制发行的每一份契约文券,当时称为"契本",实际上是从宋代的官颁契券继承而来。明代继续使用"契本",征收契税。明朝开国第二年(洪武二年,1369 年),朝廷制定《纳税条例》,规定民众买卖田宅等大宗物品时,必须领用官方发行的格式契约(契本),并将其携至官府登记入册,按照每契本四十文铜钱的比率缴纳契税,此外不许多取。

元代的杂税和额外课征名目繁多,其中有一项称房地租,面向全国开征。这项税收的具体征收制度目前尚不清楚,据其名称,应该是一种房地产税收。②

明朝建立后,明太祖朱元璋为体恤入京做生意的商人,特在金陵城西三山等门外濒水之处,建造栈房,供商人贮货之用,称为塌房。占用塌房的商家需缴纳塌房税,税率三十分之一。塌房税是一种以房地产为基础的行为税,性质类似于西

---

① 韩玉林. 中国法制通史:第六卷(元). 法律出版社,1999:453.

② 黄天华. 中国税收制度史. 上海:华东师范大学出版社,2007:501.

周时期的“廛布”。靖难之役后，明成祖朱棣迁都北京，又在北京建造榻房，开征塌房税。

明代曾经在城市和集镇向商人开征过一种门面税。该税以居民的临街铺面为征税对象，兼具今天的营业税和房产税性质。①

4. 清代——契税制度完备期

清代的契税制度发生很大变革，无论是征税对象、征税程序、征税形式都有诸多创新，可谓我国古代契税制度的完备期。首先，清代缩小了征税范围。雍正十三年(1735 年)，清廷颁发谕旨，将从前对马牛、奴婢诸多交易以及田宅典当等行业统一征收的契税，缩小为只对田宅、奴婢等重大买卖行为征收。其次，清代创立了契尾制度。清初几经更张，于乾隆元年(1736 年)正式确定了行用契尾之制。乾隆十四年(1749 年)，经户部疏奏，修改税契之法，规定民间纳税由布政使颁发契尾格式，粘于手写契纸之后。此法将从前只在契约上加盖官印作为纳税凭据的单一形式，发展为官印、契本、契尾并用的复合形式，以期杜绝伪造，防止偷税漏税，是中国契约史上的一大创造。再次，清代对契税稽查、买卖双方的纳税责任、旗人应享受的纳税特权等也拟定新规，在契税方面形成了一套严整、周密的制度，成为我国古代契税制度的完备时期。

清初政局混乱，各地方自行开征的苛捐杂税层出不穷。其中，京郊宛、平两县开征过铺面行税。浙江杭州的钱塘、仁和两县开征过间架房税。江宁开征过开市廛输纱。北京开征

---

① 黄天华. 中国税收制度史. 上海：华东师范大学出版社，2007：591.

过开琉璃、亮瓦两厂的计檩输税。[①] 清代继承了明代的门面税，但有些地方开征，有些地方不开征。这些可能都是房地产税收的早期形态，至乾隆年间逐渐革除。

（二）古代契税制度的内容

我国古代契税制度经历东晋至五代十国的过渡后，至北宋正式确立，又历经宋、元、明、清四代。将北宋以降的千余年契税制度作一归纳，可见其核心内容包括以下数个方面：

1. 税名

宋代以前，尚无独立的契税，亦无专门名称。宋代创征契税后，开始向民间征收印契钱。印契钱成为契税的第一种名称。宋理宗淳祐九年(1249 年)又规定“诸州纳牙契钱，上州百万，中州八十万，下州四十万”[②]。牙契钱成为契税的第二种名称。宋代除了正式契税外，还在征纳契税时附带征收其他税收，如契纸本钱、勘合钱、朱墨头子钱、用印钱、得产人钱等等。这些附加税可视为契税的派生物。

2. 征税对象

古代契税的征收对象按照契约标的物和类型不同分为两类。第一类是不同标的物的契约。清代以前，契税的征收主要针对奴婢、马牛、田宅等较大型买卖。只在少数年代，契税的征收对象有所越出。契税的征税对象真正得以压缩，是到

---

① 黄天华. 中国税收制度史. 上海：华东师范大学出版社，2007：642.

② 郭东旭. 宋代法制研究. 保定：河北大学出版社，2000：519.

了清代乾隆年间。

第二类是不同行为的契约。在宋代，凡民间典卖田宅，就需输钱印契。此处对典、卖并提，说明无论民间田宅是用于出典交易，还是买卖交易都需缴纳契税。所谓出典交易，即古代社会在房地产买卖中的典卖方式，又称为活卖。典卖时，出典人将不动产出典于人，换取一定典价，在约定期限内可按原价赎回典物，无需向受典人（即典主）支付利息。典主在典权存续期间，对典物有使用收益权，而无需支付租金。出典人无力回赎时，典主可履行手续，取得对典物的所有权，而出典人则丧失原所有权。在古代社会，如果卖方收取买方价金并将其对标的物原有的所有权转归买方所有，称为绝卖，即通常所言的买卖。自宋代至明代，对典卖与绝卖的契税程序都不加区别，统一要求。但是清代雍正朝后的制度有所变化，不再对典卖行为征收契税，只对买卖契约征税，进而明确了：第一，绝卖必须缴纳契税；第二，典卖或者先典后卖者，“典契 10 年以内不税，10 年以外与卖同税。”①

3．税率

前文已述，自晋至隋唐的契税与交易税混合期间，历代相沿税率为 4%。北宋初年，正式开征契税时，税率为 2%。庆历四年（1044 年），规定每贯钱征税四十文，税率为 4%。宣和四年（1122 年），每贯增收二十文，税率调为 6%。南宋乾道七年（1171 年）户部尚书曾怀提及朝廷规定民间买卖田宅、舟船、骡马，“入户合纳牙契税钱，每交易一十贯，纳正税钱一

---

① 张晋藩．中国法制通史：第八卷（清）．北京：法律出版社，1999：423．

贯”,但实际上“州县往往过数拘收”。这证实了宋代的契税在此时至少已升至10%,甚至“高达百分之十六七”①。

元、明两代仍然对契税实行定额税,税额依所用契本,即所定契约数而定。元初,契税率为中统钞三钱,皇庆元年(1312年)改为至元钞三钱,明显抬高了税率。元代统治者对此举的解释理由是:“买置田地、人口、头匹,即非贫民所作,俱系有力富庶之家。”②明代的契税率前后有所变化,比较明确的契税率制定于洪武二年(1369年)。该年颁行的《纳税条例》中规定:民间买卖田宅时,应就每份契约向官府缴纳工本铜钱四十文,将税率确立为每契本纳钱四十文的定额税。清末,朝廷对买卖契约征9%契税,出典契约征6%契税,即卖九典六。直至北洋政府时期,亦沿用此制。

4. 纳税人

契税制度自东晋萌芽后,都是由买卖双方共同充当纳税人,双方分担比例基本是卖者三成,买者一成。据乾嘉大学者赵翼考证,至迟自南宋开始,朝廷将契税由双方当事人共同缴纳改成了只由买者单方缴纳③。元、明、清三代,以至于经民国而到今日都对此制相沿不变,契税的纳税人都是买者一方。

5. 纳税时间

宋代规定,契税缴纳时间为契约成立后2个月内。清代

---

① 孙翊刚.中国赋税史.北京:中国税务出版社,2003:239.

② 韩玉林.中国法制通史:第六卷(元).北京:法律出版社,1999:453.

③ 赵翼.陔余丛考:卷二十七.湛贻堂,1790(乾隆五十五年):20.

的契税通常以1年为限,买方应于立契成交之后的1年之内纳税。逾期不纳税者,以偷漏契税论,将被依法处治。为此,乾隆时特别要求各省督抚刊刻告示,饬发所属各州县,遍贴城乡,使天下民众咸知政府例禁,各自有所遵循。清代同时规定旗民为特殊阶层,享受多项法律特权。在契税事务中,旗民经允许后,可放宽缴纳日期,改日补款。

6. 纳税方式

中国古代征收契税,都是由纳税人主动去国家税务机关缴纳,称为投税。在宋、元两代,各级地方官府尚未专设税务机关,所以纳税人都是去县衙、府衙投税。明代出于加强税收管理的目的,于洪武十九年(1386年)下令在府级地方设立税课司,在县级地方设立税课局及河泊所,专管赋税,包括工商税收、契税。有河泊之地,另设河泊所。从此,地方府县级官府中也有了税课司、税课局、河泊所等专门的税收机构。

民众缴纳契税,应经历呈契、验契、纳税和盖印四步程序。在古代的契税纳税方式中有两个重要特点:第一是契约形式要求统一,第二是清代创立了契尾制度。

首先,契约形式要求统一。自宋代起,朝廷要求缴纳契税人呈验的契约应是国家统一格式的契约。这种契约在宋代被称为"官颁契纸",在元明两代被称为"契本"。官颁契纸和契本都统一制定了契约的基本结构和形式,规定契约必须包括双方当事人姓名、交易原因、标的物名称、标的物大小四至等特性、标的价金、担保条款等。如果民间所呈契约不符合统一要求,则可能被拒绝盖印纳税,甚至触犯刑律。

其次,清代完善的契尾制度。契尾制度指将向官府投税后获取的契税单证粘连于契约尾部，与原契约合二为一，作为原契约已经依法投税，合法成立的标志。该制度创始于元代，在清代得到数次改进后臻于完善。[①] 民众申报契税时，须由官府照契中内容填写契尾，并加盖公章，然后再将该契尾从应纳契税的数字处裁开，一分为二。前半部分粘于正式契约的尾部，作为已经依法缴纳契税的凭据，交当事人自己保存。后半部分则保留于官府，统一汇总成册。此后如果民众或官府对此份契约的契税问题有疑问，可以将契尾与官府所留存根相比较，若能合二为一，则已经纳税、所纳数额都可一目了然。

7. 纳税效力

在中国，古代民众履行纳税义务，依法缴纳契税后也会产生相应的法律效力。

首先，契约成立效力。民众依法缴纳契税后，该契约行为即得到官方承认，正式成为有效契约，官府保护契主在契约中的权利。凡未经纳税的契约，就不符合契约成立要件，不能得到官府承认与保证。宋代规定，此种未经纳税的契约没有法律效力，如在日后发生纠纷，诉讼到官府时，官府对其不能予以承认，更不能加以保护。官府认可的方式是在契约上加盖关防官印。由于盖印都用红色，故古代将纳过契税，盖过官印的契纸称为“红契”。反之，没有经过官方加盖红印的契纸称为“白契”。白契不能得到官府认可，不具有法律效力。

---

① 学界通常认为契尾制度创始于清代。孔庆明等认为契尾制度始现于元朝（孔庆明. 中国民法史. 长春：吉林人民出版社，1996：496－497.）。本文从孔说。

其次,契约效力受官方保护。契约一经成立,当事人双方的权利义务关系即告确立。如一方权利遭受侵害时,可以向官府申请保护。由白契产生的纠纷,诉讼中不予认可,权利得不到官方保护。民间为了逃避税收,往往订立契约后并不去官府纳税,加之官府的税收征管不严,使得白契在古代社会也习以为常。红、白契并存的现象直至晚清西方势力侵入中国后仍然十分常见。

再次,凡需缴纳契税的契约,都是较为重大的买卖契约,如房地产买卖等。这些契约行为的发生通常应当告知相关人员,以免纠纷。但中国古代没有专门的产权登记和公示制度。所以,缴纳契税实际上也是官府进行产权登记,向社会公布契约的行为,具有今天登记和公示的效果。

8. 纳税人法律责任

朝廷既有征收契税之制,民间即难免有逃避契税之法。只订白契,不立红契就是避法逃税的印证。对于民间逃避契税,中国古代朝廷常采用宽猛相济的手段,一方面适当放宽纳税期限,允许民众在一定时间内自首并补纳税款,免予处罚。宋高宗建炎元年(1127 年)赦令:"今日以前典卖田宅、马牛之类,违限印契合纳倍税者,限百日许自陈,特予蠲免。"[①]此处的"自陈"即指交易当事人向官府税务机关自首,重新申报纳税,补缴税款。重新申报的期限为赦令颁发之日起的一百天。另一方面朝廷又相信"徒法不能自行"的古训,采取稽查手段,包括鼓励民间检举告发制度,追究逃避契税者的法律责任。

---

① 郭东旭.宋代法制研究.保定:河北大学出版社,2000:520.

如宋真宗时，仅秦州一地就查出"白契一千七百道"。因此，朝廷又制订了限期投契纳税的法令。①519 自宋之后，历代朝廷都制定防止漏税之法，以打击镇压偷漏契税。其法律责任形式主要有治当事人匿税之罪和没收相关财物两种。

首先，治当事人匿税之罪。宋太祖在开宝二年(969 年)制定契税制度，同时规定民户如不在法定期限内投纳税款，则要依"匿税条法"断罪。这是中国历史上出现最早逃避契税法律责任。南宋《庆元条法事类》载明：凡"匿税者，笞四十；税钱满十贯，杖八十；监临官、专典、拦头自匿，论如诈匿不输律"，并许人告发。①346 元代依靠契本制度征收契税，朝廷规定不用契本者，对买主依法追究法律责任，对与买主结伙帮衬者也要比照匿税罪加以追究。清代在《户部则例》中也明确规定凡置买田地房，不赴官府请粘契尾，自行纳税者，一经发现，即行依法治罪。

其次，没收相关财物。明代贯彻"重典治乱世"的原则，严厉打击偷漏税(包括偷漏契税)行为。《明律·户律》"典卖田宅"条文规定，不税契者，除刑事处罚外，一半价款入官。《大清律例》除规定典卖田宅而不税契者笞五十，追契内田宅价钱一半入官外，又在《户律·课程》部分规定："凡客商匿税不纳课程者，笞五十，物货一半入官。……若买头匹不税契者，罪亦如之，仍与买主名下，追征价钱一半入官。"②

(三) 古代契税制度的启示

中国古代契税制度的制定实施，给历代朝廷创造了新的税

① 郭东旭. 宋代法制研究. 保定：河北大学出版社，2000.

② 田涛，郑秦.(点校)大清律例. 北京：法律出版社，1999：259.

源,增加了国家收入,也利于朝廷对房地产等大宗民事交易行为的控制,提高相关案件的审判质量,减少民事纠纷。从历史上保存下来的零散资料中,我们也可推知古代朝廷的契税数量不薄,契税对封建朝廷财政收入的重要意义。仅以宋代为例,在高宗绍兴三十一年(1161 年),契税收入就达“四百六十七万引”①;理宗淳祐九年(1249 年),朝廷给各州规定的契税指标是“上州百万,中州八十万,下州四十万”②。

中国古代契税制度实施后,在增加国家收入,控制民间交易的同时,也暴露出许多问题。其中,首要的问题是民间偷税漏税,甚至与地方官员内外勾结,共谋偷税。针对朝廷的契税征收,民间创造了白契习惯,以偷逃国家税款。有时,地方官员私收钱款,然后暗自向交易双方发放红契,或者直接贪污契税收入,致使契税收入下降。在元代时,偷逃契税的问题严重到民间交易不逃税而“用契本者,百无一二”③。针对如此严重的现象,历代朝廷都立法惩治,并且不承认白契的效力。为了制止官员私自用印和贪污税款,清代还创造了契尾制度。但白契现象仍然相沿千余年,历经数朝并未断绝,契尾制度也未能从根本上堵塞官员贪污税款之弊。

第二个比较重要的问题是契税制度对经济和社会的影响。契税本是民间商品交易活跃,经济发展的产物,但有时朝廷将契税视为从民间渔利的手段,盲目制定征税指标,无节制地抬高税率,显然加重了民间交易成本和民众生活负担,影响到经济发展

① 傅光明,等. 中国财政法制史. 北京:经济科学出版社,2002:346.

② 郭东旭. 宋代法制研究. 保定:河北大学出版社,2000:519.

③ 韩玉林. 中国法制通史:第六卷(元). 北京:法律出版社,1999:453.

和社会稳定。如南宋时,“大率民间市田百千,则输于官者十千七百有奇,而请买契纸、贿赂胥吏之费不与”①。由此可见,当时契税实际上已经成为民众交易的沉重负担。

再如,朝廷实施契税制度的目的本是为了省词讼,清税赋。省词讼就是指以规范田宅牛马等重大交易的契约文书为手段,以官府监督的方法明确双方当事人的利权关系,减少民众在买卖行为中的矛盾和纠纷,从而达到封建礼法所追求的息讼、和谐,维护社会稳定和国家长治久安。在以契税省词讼上,其实施的结果出乎制定者的意料之外。如宋代规定了纳税期限,但又允许出限之人赴官自首,这就使一些不法之徒乘机伪造契纸,缴纳契税,骗取官方承认,及至争论,再将该契纸执出为凭。如此,契税制度不仅不能得到省词讼的目的,反倒增加了纠纷和词讼。这充分说明了法律的制定目的与实施结果的差异,说明了法的应然与实然间的矛盾。这些差异和矛盾在今天的契税法制以及其他税收法制中未必就不存在。历史的反思在任何时代都是必要的。

二、西潮拍岸——晚清至民国

1840－1949年的中国近代史,既是中华民族饱受东西方列强欺凌蹂躏,被逼至亡国灭种边缘的苦难史,也是西学东渐,东西交融,中国社会逐渐由传统向现代转型,图生存,谋自强,求进步的发展史。在这个过程中,中国人民不断探索和尝试适合自身的新文化、新制度,初步建立起了具有中国早期现代化特色的文化、经济、法律和政治模式,其中包括中国现代的房地产税收

① 郭东旭.宋代法制研究.保定:河北大学出版社,2000:519.

法制。中国现代房地产税收法制是在西方文化的传播和影响下,在西方潮水的浸透和冲刷下起步与构建的。它的启动和演变离不开中国现代财税法学理论的发展,离不开中国的国家与地方财政税收划分制度的变革,离不开中国早期现代化的历史大背景。

(一)西方财税法学的输入与中国化

晚清至民国的近代史上,中国近代财税法学逐步兴起和发展,对房地产税法的研究也相伴而生,并且影响了当时的房地产税收立法。

1. 晚清时期,初显萌芽

中国的现代财税法学起源于19世纪末的维新运动前后,先兆是19世纪70－80年代,少数西方来华人士对欧美国家财政现象的简单介绍,代表媒体是《万国公报》。该刊第306卷(1874年10月)和309卷(1874年10月)分别列有英国的"税项清单"和"国债数"。此后的五六年间,《万国公报》还多次报道英、法、美、俄等国的财政租税数。这些应当是近代汉语世界对西方财政现象的最早报道。

在19世纪60－90年代洋务运动时期,中国的驻外使节、留学生和民间洋务学者的著述虽然有时涉及西方财政,但都十分简略。最早专门研究西方财政制度的中国人是郑观应。1895年,甲午战火甫熄,郑观应随即推出增修的14卷本《盛世危言》,其中专设"度支"篇,讨论国家财政制度之改革,并且提出了一个令人深思的问题:中国历代赋税重,则民怨起,以至于酿成天下大乱,而西方国家却"税重,百姓不怨"①。中西民众税收意识上的如此反差是什么原因呢?这个问题在以后中国人的著作中也屡屡出现,可见是当时中国人理解和探索西方税制的一个切入点。

从甲午战败到1911年的16年间,西方文化汹涌而入,中国的学术思想新潮迭起,日新月异,其中包括西方现代财税法思想。代表性的成果有陈昌绅所编《分类财务通纂》、李家驹所编《日本租税制度考》和《日本会计制度考》,以及政治活动家、学术大师梁启超的相关作品。

陈昌绅,字杏荪,浙江钱塘(今杭州)人,甲午前执教于上海龙门书院。1898年,他将自己所收集的文章编订成《分类时务通纂》,印行问世。该书专设"理财类",介绍外国经济。理财类下又设"财政"一栏,介绍各国财用、赋税、户口、国债、物产等内容,范围涉及英、法、德、美等许多国家,重点在于各国租税制度。书中专设"欧洲税法甚严"②一节,认为西洋国家租税虽繁,却民乐于输。

梁启超在1899年撰写了《各国宪法异同论》,介绍国家法律的体系与分类。他在"法律命令及预算"一节中提到:国家法律"曰民法、曰民事诉讼法、曰刑法、曰刑事诉讼法、曰政法、曰收税法、曰会计法、曰征兵法"等,其中"会计法"即预算法。③这是中国学者第一次采用西方部门法分类原则区分中国法律体系,也是关于财税法应与民法、刑法、诉讼法等法并列成为国家

---

① 郑观应.盛世危言.点校本.北京:华夏出版社,2002:298.

② 陈昌绅.分类时务通纂:卷一百十二.影印本.北京:北京图书馆出版社,2005:316.

③ 梁启超.饮冰室文集:之四.重印本.北京:中华书局,1989:78.

基本法律部门的最早主张。因此，梁启超是明确提出在中国设立财税法的第一人。

1906－1911年的清末预备立宪运动中，梁启超先后撰写《中国改革财政私案》《国会与义务》《读度支部奏定试办豫算大概情形折及册式书后》《亘古未闻之豫算案》等文章。在《中国改革财政私案》的长篇论文中，梁启超指出："各国之地租，皆分为耕地、宅地两种，各异其税率。而我国惟田野之耕地有税，而城市之宅地无税。即或有之，亦不过前此耕地，今变为宅地者，仍以课耕地之法课之。轻重失均，莫此为甚。……故必经调查之后，仿各国之例，将此二者划而分之。耕地较轻，而宅税地较重。非惟增国库之收入，抑亦为国民经济酌盈剂虚之计，应如是也。"接着，梁启超又言："城镇乡之主要税目，莫如家屋税，即房捐。家屋税为各国通行之一种税。然我国若用为国税，民必大以为扰。即以为省税、府县税，民犹不乐。故以此财源，畀诸城镇乡最宜。"①这是梁启超首次提出应对城市房地产专门课税，并将其划归为地方（乃至乡镇）税的建议，也是我国近代财税法学萌发后，房地产税的开篇之作。

1906年起，清廷预备立宪中陆续派员赴日美等国考察，其中1908－1909年间任命李家驹为考察宪政大臣，负责考察日本事务。1909年李家驹任满回国，将对日本财政制度的考察结果编纂成《日本租税制度考》10册和《日本会计制度考》4册，于1911年1月19日呈进朝廷。这两本日本财税制度考全面介绍了东洋邻邦的现代财税制度，其中租税制度最为详细。而且，租税的具体内容都被作者归入国家法律体系下，按照"立宪政治"

① 梁启超．饮冰室文集：之八．重印本．北京：中华书局，1989：4，53．

“司法独立”的法治基础设计。①

2. 北洋政府时期，略具雏形

1911 年辛亥革命后，中国的资本主义经济有了较大发展，政治界形式的民主共和与实质的军阀弄权共存，思想界新式的文化思潮与旧式的学术道统交织。中国财税法学就在这种新旧矛盾的混合激荡下渐成雏形。

首先，这段时期的成果表现在中国法学界注意观察日本、欧美国家财税立法动态，从中汲取经验。1911 年起，中国学术刊物不仅简单地移译日本和欧美国家的财政法律法规，而且增加分析评价，突显研究特色。如发表于《当政杂志》的“德国增价税法之内容”②一文，详细分析了该法的实体权利义务、法律效力范围与施行日期、租税行政、税务处罚等。1912 年，《法政杂志》发表“美国之事业税法案”③论文，介绍了美国联邦最高法院判决 1894 年所得税法违宪的事实、理由和程序。1914 年，《法政杂志》又发表姚成瀚译自日文的论文“美国所得税法之制定”④，不仅详述美国个人所得税法的内容与变迁，而且重点讨论美国宪法赋予联邦政府课税的权限、历史变动，以及开征所得税与宪法授予政府权力的关系。我国《法政杂志》在 1912 年和 1914 年两次发文对美国个人所得税立法争议展开研究，反映了当时中国财税法学者对世界财税立法形势的关注。

---

① 王彦威. 清宣统朝外交史料：卷十八. 影印本. 北京：书目文献出版社，1987：34 – 47.

② 德国增价税法之内容. 法政杂志（上海），1911，1（8）：64 – 67.

③ 美国之事业税法案. 法政杂志（上海），1912，2（1）：4.

④ 姚成翰，译. 美国所得税法之制定. 法政杂志（上海），1914，3（11）：11 – 15.

其次,研究会计年度与预算立法的关系。此关系是20世纪10－20年代,中国财税法的研究主题之一。除了在综合研究预算法制的论文中对此有所涉及外,吴贯因著“论会计年度之短长并其得失及与岁出岁入施行效力之关系”①和“论豫算提出期与会计年度开始期及豫算未议定并不成立时之救济方法”(《宪法新闻》第十册,1913年6月),对国家预算的法律渊源、预算种类、预算法律效力、预算立法程序等都有相当研究。

第三,研究预算案未成立的救济。预算案未成立指新会计年度已经开始,但尚未有新预算案生效,包括没有提出新预算案和提出新预算案没有依法成立两种情况。日本学者工藤重义的“论年度开始前豫算之未议决”②亦被译成中文发表。文章介绍财税法上的事前议决原则,分析该原则产生的惯例渊源和正当价值,将预算案未成立的救济分为前预算延长制和假预算制两条途径,分别研究两条途径的法律原理、优缺点,以及它们在法、德、意、比、西等国的法律实践。

第四,研究印花税罚则与修正程序。印花税是中国引进现代税制的发端,它的法治程度长期引领着其他税种的发展。1915年,姚成瀚在专门研究印花税的法律性质后,得出税收应遵循“公平”“漏罚相当”“程序法定”等法律原则,并且通过恰当的罚则、免征额、严格的修订程序等加以实现。③

概括20世纪10－20年代的中国财税法制研究,其特征大

① 吴贯因.论会计年度之短长并其得失及与岁出岁入施行效力之关系.庸言,1913－03－第7号.

② (日本)工藤重义.论年度开始前,豫算之未议决.法政杂志(上海),1913,2(12).

③ 姚成瀚.论修正印花税法.法政杂志(上海),1915,5(2):11－15.

约是两多两少，即：研究性多，介绍性少；微观性多，宏观性少。相比前一时期陈昌绅、梁启超、李家驹等人的工作，受过日本法学系统训练的杨志洵、姚成瀚、吴兴让、吴贯因等人对财税法制的研究理论、研究方法、研究视角等都更加具体、更加专业。因此，20 世纪最初的 20 年，是中国学者开始对中国和西方国家各种财税法问题展开具体研究的中国财税法学发展时期。

3. 20 世纪 30－40 年代，成形并发展

1931 年，南京国民政府初步建立起资本主义现代法律体系，完成了中国法律从传统中华法系向现代资本主义法系的过渡。此后，民国法制进入六法体系的修订、完善阶段。30－40 年代的中国财税法学（包括房地产税法）的研究正是在这种法制建设大背景下正式形成，并获得了一定发展。其中，《财政立法原理》（吴崇毅著，1934）是中国财税法学正式形成的标志，《五权宪法的预算制度》（王延超著，1944）是其进一步发展的象征。

《财政立法原理》第一次将财政立法界定为："关于财务行政、财务监督、预算、租税、公债等法规之厘订，亦即公共财政之法律问题也。"①全书除了以专章研究预算、租税、公债、奖券等财政领域的立法问题外，还在第一篇"总论"中详细讨论财政立法的基本原理。就全书内容看，包括了财政法学的所有主要分支，相当于今日的"财税法学"。可以说，《财政立法原理》是我国第一本全面研究财税法制的著作，标志着我国财税法学的正式形成。

① 吴崇毅. 财政立法原理. 上海：商务印书馆，1934：6.

《五权宪法的预算制度》是我国近代史上唯一一部专门研究预算法立法的著作。此书的最大特色在于它对西方预算法理论的批判和对中国式预算法理论的创立。作者还据此提出了建立中国特色预算法的十大构想。

孙中山先生也相当了解西方财税法学，并且在税收上提出了两点主要思想，直接影响了民国时期的财税法制的变迁。这两点思想即"节制资本""平均地权"。节制资本，就要开征所得税、遗产税等直接税。孙中山先生认为只有直接税，特别是采取累进税率的直接税，"多征资本家的所得和遗产"，才是公平的税制。① 要"创立民国，平均地权"，就要采纳土地单一税原则，开征地价税，由政府收取土地的级差地租，增加国帑，抑富济贫。

孙中山先生的这两点主张至少在形式上被南京国民政府所采纳，并成为它的经济建设纲领，而这两点主张也都有西方学术的根源，都是西学东渐、西潮拍岸的产物。其中节制资本思想主要源于19世纪德国经济学家阿道夫·瓦格纳。有学者认为："孙中山虽然没有提到瓦格纳的名字，但在税收思想上受到瓦格纳及其所倡导的世界税制潮流的影响，还是显而易见的。"② 平均地权思想主要源于19世纪美国经济学家亨利·乔治。有学者经过详细考证后断言：孙中山最早是从《万国公报》上接触到亨利·乔治学说的，他后来在美期间(1896年6－9月)、在英期间(1896年9月－1897年7月)，又亲眼目睹了亨利·乔治的单一税理论在美、英的广泛影响，并认真研读过亨利·乔治的著

① 孙中山. 孙中山全集：三民主义·民生主义. 北京：中华书局，1986：367.

② 夏国祥. 近代中国税制改革思想研究(1900－1949). 上海：上海财经大学出版社，2006：40.

作,进而形成了以亨利·乔治学说为理论依据的民生主义思想。①

4. 房地产税法学的研究成果

20世纪20－30年代,随着我国近代财税法学的兴起和发展,房地产税收的研究也有所加强。如1933年,在讨论国家宪法的内容上,有人提出"经济宪法"观念,其中特别强调宪法中应当突出孙中山先生的土地"按价增税""涨价归公"思想,"使耕者有田,非自耕田抽重税,宅地则由政府规定地价及建筑标准,荒地则奖励开发"。② 这种研究从宪法的高度展开,触及了房地产税法的根本原则和法律渊源,虽然简洁,但是提升了房地产税法研究的高度,扩大了房地产税法研究的视角。

王元璧在《田赋征收制度的改革》一文中,指出:要实行孙中山先生所主张的地价税,非对全国土地进行清查丈量不可。在土地清丈后,"首要之务为地价的评定",地价评定的基本方法是由土地所有人自报地价。为了克服所有人短报少报地价之弊端,国家应同时辅以"照价收买"之法。③ 此文是近代学界较早展开的房地产税收价格评定研究。

民国时期,近代税收法制纷纷创立,房地产税法方面除了传统的契税和房捐外,又更新增设地价税、土地增值税等新式税种,初步形成了近代化的中国房地产税法体系。在该体系中,纳税义务人所担负的所得税义务与地价税、土地增值税是何关系?

---

① 王林.西学与变法——《万国公报》研究.济南:齐鲁书社,2004:70.

② 毛起鶊.经济宪法.东方杂志,1933,30(14):34.

③ 王元璧.田赋征收制度的改革.东方杂志,1935,32(7):136.

三者之间是否存在重复征税？对此问题，朱偰曾旁征博引中外税法资料，说明：第一，中国"都市中之地主、房主（利用房地产投机）不劳而获，坐享其成"，因此理应缴纳地价税、土地增值税和所得税；第二，"土地房产所得税系主体税，征收对象为地主房主之负担能力"，因此其性质与地价税、土地增值税各不相同，"其性质之不相重复，正如营业税之与所得税之不相重复相同"。①

1948年，周伯棣在《租税论》中专设《房屋税》一章，对当时国民政府的房产税制度加以分析研究。首先，作者对房屋税的历史演变作简单回顾，分析该税种产生"颇古"的四种原因，并将其历史分为"包含于地税中""与地税分离的"和作为"收益税"的三个时代；其次，作者将房屋税分为财产税、收益税、所得税、消费税四类，及专课房主者与专课住户者两大形式；再次，作者分析中国课征房屋税的两大方法，即从租计征和从类计征（大约相当于后世的从价计征）；最后，作者简略介绍了当时中国房屋税的征收机关和法律依据，进而明确"房屋税为县市税"。此外，《租税论》还另文研究了土地税等问题。②

综观前文，可见从晚清到民国，在整个中国近代财税法学兴起与发展的影响下，中国法学界和经济学界对房地产税法也开展了一些研究，其对象涉及到房地产税收的性质、中央税和地方税之间的划分、计税依据和征税方式、税价评估、重复征税、税收历史等多个方面。整个研究涉及广泛，具有理论深度，一定程度上影响了当时的政府税收法制，也为后世留下了丰硕的理论成

① 朱偰. 所得税暂行条例草案之批评及其修正. 东方杂志，1936，33(13)：50.
② 周伯棣. 租税论. 上海：文化供应社，1948：246－251.

果。这段时期房地产税法的研究也存在缺憾。其中,最大的缺憾就是成果分散,没有形成专门的房地产税法论文或者专著。

中国近代史上除前述财税法制理论成就和政治主张外,杨汝梅、李权时、关吉玉、晏才杰等经济学家也都有对财税制度的精辟论述。总之,西学东渐催化了中国的现代财税法理论。西潮拍岸,既荡涤了古老而传统的神州中华,也为她冲刷出了一片片新生的现代园地。

(二)中央与地方分税的法制化

唐宋以降,中国封建社会的家族宗法化和中央集权化程度加剧,义务本位制成为中华法系的特色。在这种文化背景之下,子女面对家长、个人面对家族、民众面对政府、下级面对上级、地方面对中央、社会面对国家几乎完全丧失了主体地位。在这种高度集权的体制下,财税制度也是单一的全国一体化,地方政府需将每年的财政收入悉数解归朝廷,地方的权力和命脉都完全掌握在朝廷和君主个人手中。

晚清咸丰年间,自江苏扬州起,各省地方在镇压太平天国农民运动的过程中先后开征厘金和其他苛捐杂税。这些税厘都被地方军政界截留,不再归送朝廷,脱离了国家统一的财政控制。厘金制度实际上成为中国地方税制的萌芽。在19世纪末的维新运动中,西方国家的中央与地方财税分立观念开始传播。20世纪初,在《辛丑条约》带来的巨额赔款压力下,清朝廷也不得不改弦易辙,寻求新的财源,于是呼吁国地财税分立的声音愈加响亮,并成为一时热门的经济主张。1908年,在清朝廷拟订的筹备立宪计划中,列出了制定中央税、地方税各自章程,用3年时间办理划分中央税、地方税事宜的计划。此后,清廷还组建了中央的财政清理处和地方的财政清理局，积极为国地分税工作做准备。1911 年辛亥革命爆发，国地分税工作遂暂告中断。

民国建立后，整个社会民主意识空前高涨，地方自治运动逐渐兴起。在这股民主浪潮冲击下，北京政府于 1913 年正式颁布了《划分国家税地方税法（草案）》。草案共 5 章 13 条，确定的与房地产有直接关联的中央税有印花税、契税、登录税、遗产税和所得税，地方税是房屋税（单行法规中的名称为房捐）。这也是中国政府第一次在正式法律条文中采用房产税（房屋税）的概念，可谓是中国房地产税收术语入律的开端。1928 年，成立 1 年多的南京国民政府公布施行《划分国家收入地方收入标准案》，将印花税和遗产税作为中央收入，契税、房捐和市地税作为地方收入。

1935 年国民政府公布《财政收支系统法》，1937 年又公布了《财政收支系统法实施条例》。这两个法律法规对中央、省（市）、县（市）各级政府财政收支的划分、配置、调剂及分类作出明确规定，是中国最早的一部正式划定中央税与地方税分类标准的法律，反映了中国财税法制变动的大方向，也反映了中国社会从传统向现代、从集权向民主的过渡。在这部法律中，将印花税、遗产税、所得税 3 个含有房地产税收的税种划为中央税，其中遗产税和所得税实为中央与地方分成共有的共享税。另外，该法将土地税、房产税（《土地法》施行后并入土地改良物税）划为地方税。“至此，国家税与地方税两大体系已日见明晰，其划分与调剂自较以前有所进步”，中国由此初步建构起了资本主义的现代税制雏形。①

① 金鑫，等. 中华民国工商税收史纲. 北京：中国财政经济出版社，2001：151.

中央税与地方税分立后，地方政府可以凭借法律合法地占有和支配一部分地方财政收入，这是中国财税制度史上前所未有的大事。这种合法的分立不仅是一种新经济制度，也是一种社会新文化的反映。它是地方在中央面前赢得主体独立的写照，是整个社会主体意识逐渐苏醒，追求独立、民主和合法权益的表现。

（三）地方税收系列中的房地产税法

在从清末到民国的税收划分体系中，固定作为地方税的主要税种是房产税（房捐）和契税（民国初年曾短暂地被划为中央税），另有土地税（地价税）、土地增值税、市地税等。

1. 房捐

中国的房捐制度历史久矣。周代“廛布”“敛布”，可谓房捐之起源。唐代建中四年（783 年）开征之“间架税”亦是房捐之一种。清代初年，部分州县偶有对房产征税，其名称如铺面行税、间架税、市廛输钞、计檩税等，究其起源应当早于清代，至少应在明代，而至清代乾隆年间逐渐革除。1860 年，太平天国在常熟、嘉兴一带起征过房捐。在常熟是“每间屋每日捐钱七文”，在嘉兴是“每日每间三文”。①

据载，1898 年，清廷户部曾“通令各省，由地方官调查城乡市镇之铺户行店数，规定房捐章程”②。依据该章程，凡租赁房屋，按每月租金课税 10%，房东、房客各承担一半。此亦为房捐

① 黄天华. 中国税收制度史. 上海：华东师范大学出版社，2007：656.

② 吴兆莘. 中国税制史. 上海：商务印书馆，1937：118.

正名之始。不过，该章程没有能够付诸实施。另据载，1899 年 7 月 6 日，清廷传谕各省督抚考虑是否可在东南沿海的商贾辐辏、市镇繁盛之处，开征房捐，以筹集款项，纾解财政困窘。但是经过商讨后，清廷于当年 10 月 19 日传谕"命东南各省一律停止筹办抽收房捐"①。如此看来，清政府究竟是否在 1898 或 1899 年讨论房捐问题，是否制定了一部《房捐章程》，有待进一步考证。

裴世安先生认为晚清房捐并非承袭了中国自身历史，而是受到近代外国人在华租界内部做法的影响。他专著《房捐考略》一文，说："1840 年鸦片战争以后，在帝国主义霸占的一些大城市的租界内，借口充裕巡捕房经费，先后强行开征房捐，这才是近代房捐史的源头。"②

《辛丑条约》签订后，为应付条约造成的巨额赔款及兴办新政的经费之需，浙江省在 1910 年率先开征房捐。尔后，房捐制度被陆续推广至江苏、直隶、广东、江西、湖南、安徽、福建、陕西等省，成为后来房产税的先声。此时房捐的征收范围只针对铺户行店，而不涉及民户住房，即只对营业用房征收，居民生活用房免征。

民国成立后，房捐作为房地产税收的主要税种被继承沿袭，但全国长期没有统一的规则，各省在征收中的名称和税率、征收范围等也不尽相同。1915 年夏，民国财政部制订房产税的划一办法，将原各省所称之铺捐、架捐、店屋捐等改称为房税。以房屋租金为计税依据，铺户行店税率为 10%，民房住屋税率为 5%。但由于政局动荡，北京政府的该项办法实际没有得到实

---

① 李允俊．晚清经济史编年．上海：上海古籍出版社，2000：775，783．

② 黄天华．中国税收制度史．上海：华东师范大学出版社，2007：642－643．

施，各省依然自行制定地方房产税政策。其中，1915 年浙江省政府修正发布了 25 条的《浙江省征收店屋捐章程》，内容较为完善，被北京政府财政部以通知形式向各省推荐参照。①

在梁启超等人的呼吁下，民国初年，北洋政府还曾经筹议过“宅地税”（对城市宅地征税）。学界也曾为宅地税应采用“等级课税法”，还是采用“估价课税法”进行过讨论。讨论结果，是北洋政府财政部于 1920 年拟订出一部 13 条的《市街宅地税条例草案》。不过，此草案终究未能正式颁布实施。②

整个民国期间，主要的房地产税仍是房捐和契税，并且都为地方税种。其中，房捐在历次国家收入与地方收入的划分方案及财政收支系统的划分中，均被列为地方税。契税的归类略有变化。不过，房捐的名称在各地纷繁多样，直到 1941 年国民政府财政部公布经行政院核准的《房捐整顿办法》和《房捐征收通则》后，才将此类房产税统一定名为房捐。在这两个文件的基础上，国民政府又于 1943 年公布经立法院审议通过的《房捐条例》，并要求在全国施行。《房捐条例》因为自身严谨的立法程序和法律渊源成为我国近代第一部全国统一的房产税法律。根据该条例，房捐的征收范围为“凡未依土地法征收土地改良物税之市县政府所在地，及其他商务繁盛地，住民聚居在三百户以上者”（1944 年国民政府将“三百户”修订为“一百户以上确有纳捐能力之地区”）。免捐对象是政府机关及公私学校所有之自用房屋、住民自用之房屋，每户不超过一间者、毁坏不堪居住

---

① 金鑫，等. 中华民国工商税收史：地方税卷. 北京：中国财政经济出版社，1999：170.

② 夏国祥. 近代中国税制改革思想研究. 上海：上海财经大学出版社，2006：72.

之房屋。房捐捐率按年计算，营业用房屋出租者，为全年租金20%，自用者为房屋现值2%；住家用房屋出租者，为年租金的10%，自用者为其房屋现值1%。征收期限依地方习惯按月或按季定期征收。[①201] 另外，征收通则还规定了房捐的具体申报缴纳期限、罚则（分为违章罚款和滞纳罚款）、征收机关及征收程序等税法要素。

抗日战争胜利后，国民政府又分别在1946年和1947年两次对《房捐条例》作了修正，以调整地方税种，扩大地方收入。根据国民政府财政部地方财政司的统计，1946年《岁入预算书》编制的23个省、市自治税课总收入为122 098 692 149元，其中房捐为12 972 023 915元，约占总收入的10%，居五种自治税捐的第三位。[①217] 房捐属于城市税收，在全国各大城市中，南京市的房捐收入居五种自治税捐之首，其余城市的房捐大都逊于筵席及娱乐税。房捐成为地方财政的重要收入，直到民国结束。

2. 契税

清代从开国初年到乾隆年间，逐渐形成了一套相对完备和稳定的契税制度，此后被长期沿袭执行。至清代末年，由于中外格局和国内形势的变化，内外交困的清王朝急于探寻新的财政出路，以纾解焦头烂额的外债负担和统治危机。此时，除了由李家驹等大臣提议开征印花税、营业税、所得税等新税种，另辟新财源之外，政府对具有明显稳定性、普及性、广泛性的契税也十分关注，并予以利用，从而使这一古老的税种在20世纪初又被

① 金鑫，等. 中华民国工商税收史：地方税卷. 北京：中国财政经济出版社，1999.

委以重用,继续成为中国近代房地产税收体系里的骨干税种。1911年,清朝廷度支部奏定《酌加契税试办章程》20条,规定买契照湖北省税率9%征收,典契照湖南省税率6%征收。原由各省附征的火耗、平余等各种杂项一律停止征收,办公所需的行政及办公费用均在此项9分、6分契税的收入内拨还地方。其中,买契的3.6%,典契的4.5%作为中央收入,其余留归地方。但清王朝不久就告跨台,此项章程未能付诸实施。① 契税作为清代最后几年的主要税种,对其财政收入的意义重大。据估计,庚子之前6年(1894－1900年),契税的岁入银为11万两左右,庚子之后6年(1901－1906年),岁入银就猛增到了160万两左右。②

民国成立后,契税制度作为从传统中国继承而来的唯一一种房地产税制,汇入了现代房地产税制的变革中。1914年北京政府颁布《契税条例》及《实施细则》,仍沿用清末的办法,卖契按照契价的9%、典契按照契价的6%征收,另收每张5角的契纸费。如果是先典后卖的,则免收契税。1917年,卖契税率调整为6%,而典契税率调整为3%,各地可以根据情况以正税的1/3课征附加税。在以契税为主体的一类税收中,除了契税及其附加税外,北京政府还征收了不动产费和验契费。1914年北京政府以大总统令方式颁布《验契条例》,宣布在全国查验不动产旧契,确定产权。《条例》规定验契时,持契人要向国家缴纳验契费,由此开创了民国时期的验契收费先例。1915年北京政府又制定并公布《验契税契办法大纲》,对验契收费作出更加细

① 金鑫,等.中华民国工商税收史纲.北京:中国财政经济出版社,2001:29.

② 黄天华.中国税收制度史.上海:华东师范大学出版社,2007:641.

致的规定。验契收费在给国家带来税费收入的同时(全国验契费收入在1914年为32 807 611元,1915年为16 164 387元,1916年为4 551 276元),也是在征收契税基础上又向民众增加了一层搜刮,必然加重民众负担,在贵州、安徽、奉天、山西等省引发了大规模的群众抗议。

1927年南京国民政府又公布《验契暂行条例》,规定:本条例施行以前成立之不动产旧契,无论已税契、未税契均应一律呈验。① 呈验时,当然是每张契纸再次收取一笔验契费。为保证这次验契收费的效果,国民政府还分别在1928年和1929年制定和修正《各县验契奖惩办法》,加强验契的强制力。契税本为民众在制定房地产交易契约时向国家一次性缴纳的税种,纳税人以此换得政府对契约的承认和保护。可是,旧政府周而复始,连续不断的验契收税行为,已经分明成为对民众赤裸裸的盘剥和勒索。

1928年国民政府在《划分国家收入地方收入标准》中将契税划归到地方,包括契税及其附加和验契费三部分,成为各省重要收入之一。但当时由于中央尚未制订新的统一契税法规,契税征收制度处于各省、市自行制定,各不一致的状态,因此税率、附加名目也各不相同。1934年,第二次全国财政会议通过《修正改订契税办法》,并由财政部通知全国执行。通过该办法,政府调整契税制度,规定征税以卖契价的6%、典契价的3%为限,附加税则不得超过正税的一半,同时加强税源控制和宣传及督催检查,严厉罚则,采取切实措施,保证契税收入。1940年12

① 金鑫,等.中华民国工商税收史:地方税卷.北京:中国财政经济出版社,1999:136.

月，国民政府公布《契税暂行条例》，并在1942年5月加以修正，扩大契税征收范围，将契税划归中央，规定卖契税率为10%，典契税率为6%，交换契税率为4%，赠与契税率为10%。

1942年10月，财政部公布《契税暂行条例施行细则》，明确契税的种类、征收范围、罚则、司法机关在案件审理中发现并责令补交契税的责任等。1943年5月，政府重新颁布正式的《契税条例》，年底公布《契税条例施行细则》，把契税分为6种，进一步扩大征税范围，组织评价委员会，规定乡镇公所的监证义务，健全征管制度。条例规定的税率是：①卖契税，由买受人领契纸，立买卖契约，缴纳契税，税率为15%；②典契税，由承典人领契纸，缴纳契税，税率为10%；③交换契税，由双方购买契纸并缴纳契税，税率为6%；④赠与契税，由受赠人购买契纸并缴纳契税，税率为15%；⑤分割契税，由分割人领契纸并缴纳契税，税率为6%；⑥占有契税，占有不动产20年以上，依法取得所有权的，由政府估价，占有人以工本费购买官印契纸，并缴纳契税，税率为15%。1946年5月，南京国民政府降低契税税率，卖契、赠与契和占有契的税率统一调整为6%，典契的税率降为4%，交换契和分割契的税率调整到2%。同年，又将契税全部划归地方管理，确立了契税的地方税性质。

3. 土地税（地价税、土地增值税）、土地改良物税

中国传统赋税体系中对土地的征税称为田赋，实为农民耕种土地而向君主帝王缴纳的一份地租。封建社会的田赋只是针对农村田地，实为农业经济时代国家人口分布以乡村为主的结果。进入近代以后，中国大中城市及集镇数量明显增多，城市化进程加快。此时，对城镇土地亦开征税收成为一种必然的方向。

孙中山先生早年倡导平均地权，开征土地税，由国家收取级差地租，调节贫富。这种土地既包括农村传统用田地，也包括了居于要冲、价金日涨的城镇土地。这种税收就是地价税和土地增值税。1912 年，德国于其在华租借地青岛开征土地增值税，遂将此税引入中国。然而，在民国初年的动荡局势下，各省（市）并无统一的土地税法规。

直至 1930 年，国民政府公布《土地法》，全国土地税制才得以统一。《土地法》规定全国土地税由地价税、土地增值税、土地改良物税三个税种组成，纳税范围既包括农村土地，也包括城镇土地。在《土地法》实际施行后，不再征收传统的田赋、契税、房捐，以及原来对土地征收的其他各种税捐。由于政局动荡，《土地法》公布后并未得到及时实施。直至 1936 年，国民政府才明令自 1936 年 3 月 1 日起施行《土地法》及《土地法施行法》。但一是由于土地税本身的调查土地、整理地籍、估定地价具体技术工作需要详细的前期准备，二是由于国内局势不稳，加之不久日本帝国主义全面侵华，抗日战争爆发，《土地法》及《土地施行法》只能在个别地区实施，始终没有得到全面推广。抗战中，国民政府还对《土地法》作过修正，制订过《战时征收土地税条例》（1944 年），实际收效甚微。1946 年，还都南京的国民政府经过立法院和最高国防会议的法定程序，在 4 月 29 日正式公布并施行新的《土地法》及《土地法施行法》，开征各项土地税。

（1）地价税。地价税的课征对象为土地价值，各类土地以估定价值为计税依据，在办理土地登记的基础上，由土地所有权人申报地价，再由地政机关予以估价。地价税向所有权人征收。设有典权的土地，由典权人缴纳。地主不在的土地，由承租人代付，代付税额可在当年应缴租金内扣除。地价税按年征收，必要时准分两期缴纳，每 5 年重新估价一次。地价税是一种针对土地保有环节的税种，实行超率累进税率，土地愈多，纳税愈重，保有时间愈长，纳税愈多。政府期望以此平均地权，抑制土地投机与集中，促进土地利用和改良。

（2）土地增值税。土地增值税的课征对象是土地增值部分。国民政府公布的《土地法》(1946 年)第 176 条规定，土地增值税在土地所有权发生移转时或届满 10 年而土地所有权未发生移转时征收，计税依据以土地增值的实际数额为准，但可以减去土地所有权人为改良土地所用之资本等项费用。申报地价后，所有权未经移转的土地，在移转所有权时以现卖价超过申报地价的数额为计税依据。土地增值税实行四级超率累进税率，最低税率为 20%，最高税率为 80%。土地所有权的纳税人在土地所有权转移时为出卖人，但在继承或赠与时为继承人或受赠人。在规定地价后 10 年届满或实施工程地区 5 年届满而土地权属没有发生移转时，向土地所有权人征收土地增值税。该项土地如设有典权时，向典权人征收。但于土地回赎时，出典人应无息偿还。土地增值税在规定期限内(10 年或 5 年)是针对土地流转环节，超过规定期限后则转变为土地保有环节。这对于促使土地所有权人尽快将生活多余土地转让出去，抑制囤积土地，充分实现土地利用价值和社会公平是有益的。

（3）土地改良物税。土地改良物税的征税范围是附着于土地上的建筑改良物，即房屋。农作改良物不征收此税。自住房屋免征此税。国民政府财政部、地政署于 1947 年公布的《土地改良物税征收规则》中规定“凡征收土地改良物税的地区，应立即停征房捐，并不得预征及以任何名目附加税款。但因改良地区依法所征收之工程收益费不在此限”。土地改良物的价值由该管市县地政机关于规定地价时同时估定，并与所处地价一同重新估价，在所有权发生移转时，不得再征收增值税及其他任何名目的税捐。以上规定说明：第一，土地改良物税是与房捐同一性质的税种，都是针对房地产保有环节而征；第二，土地改良物税虽然是一种财产税，但因其征税对象包括了财产的增值部分，所以与作为所得税的土地增值税有交叉。为避免重复征税，两税不宜同时课征。当时已进入三年解放战争时期，国民政府的政令已经难以施行，全国绝大多数地方仍然照旧征收房捐，土地改良物税成为一种虚设。

土地税（地价税、土地增值税）和土地改良物税都属于地方税。民国历次《土地法》都明文规定“土地税为地方税”。公有土地及公有建筑改良物免征土地税和土地改良物税，学校、公园、体育场、医院及其他不以营利为目的的公益事业用地也免征土地税和土地改良物税。此外，《土地法》还规定了不依期完纳土地税及土地改良物税的罚则，基本方法是依据欠税数额和时间的不同，分别由税务机关予以所欠税额2%以下的罚款，或者由司法机关予以没收，并依法拍卖，从中提取收益，抵偿所欠税额。

（四）中央税系列中的房地产税法

在从清末到民国的财政划分体系中，包含有房地产税收又固定作为中央税的主要就是印花税、过分利得税、遗产税、所得税。这四种税都是直接税。因为直接税在筹集财政收入、实现税负公平方面的优越性，自戊戌前后起，这套税收理论就开始逐渐为中国所接受。再加以孙中山先生对直接税制的强烈主张，所以民国政府成立后一直将建立直接税体制作为财政改革的中心任务之一。可以说,"从清末至国民政府主政时期,直接税发展成为政府推动赋税改革的主轴,初始的动机是为了广辟税源;接着,主政者利用直接税具备进步的理论色彩,提供其引入现代化的税制公平的宣传理论,并且试图运用税制改革的方式,将政府与松散的个人加以结合起来,为传统中国开创出现代租税国家的局面"①。建立直接税体系是中国税制早期现代化的中心任务,其内容主要包括所得税、过分利得税、遗产税、印花税和营业税制度。它们都被归入民国时期的中央税体系,其中与房地产业有直接关联的税种是印花税、所得税、遗产税、过分利得税。

1. 印花税

印花税是中国引进西洋税法,改进本国税制的第一个税种,曾长期作为中国税制改良的领头雁,引领中国税制现代化的进程。1912 年,北京政府经参议院表决的法定程序,由临时大总统正式公布施行我国第一部《印花税法》。该法第 1 条在征税范围中规定:"凡财物成交所有各种契约、簿据,可用为凭证者,均须遵照本法贴用印花,方为适法之凭证。"此条已经明确了房地产交易必须适用印花税法,依法缴纳印花税的法则。在具体列举的各项凭证中,该法又将"承种地亩字据""租赁及承顶各种铺底的凭据""租赁土地房屋的字据"等列入。此后,印花税法历经多次修改和重定(1927 年南京国民政府财政部公布施行《印花税暂行条例》、1934 年国民政府公布《印花税法》)。在历

① 林美莉. 西洋税制在近代中国的发展. 台北:"中央研究院"近代史研究所,2005:59.

次法律变动中，房地产交易的契据凭证始终都被明确规定适用印花税法，须依法缴纳印花税。

2. 所得税

清朝末年，所得税制度也随中国引进西方税制的潮流而进入。中国政府制定的第一部所得税法律草案，是1910年提交资政院审议的《所得税章程》。不过，该章程未经审议通过，清廷即告倒台。辛亥革命后的民国政府继续致力推进所得税，故于1914年由北京政府公布《所得税暂行条例》，这是中国的第一部所得税法律，次年又由财政部公布了《所得税第一期施行细则》。1936年南京国民政府公布《所得税暂行条例》，采取分类所得税制，先行开征营业事业所得税、薪给报酬所得税、证券存款所得税三个具体税种。1943年政府又改《所得税暂行条例》为《所得税法》，并公布执行。1946年南京国民政府又公布修正后的《所得税法》。首先，法律决定继续采用分类所得税制，将所得税类型分为营业事业所得、薪给报酬所得、证券存款所得、财产租赁所得、一时所得五大类。其次，法律第3条规定：个人所得除依照前条征课分类所得税外，其所得总额超过六十万元者，应加征综合所得税。① 这样，中国的所得税制开始由最初的分类所得税制向综合所得税制过渡，进入了一个新阶段。

房地产因为其自身的价值和经营方式的多样性，当然都应包含在历次所得税法的征课范围中。政府财税机关对所得税法

① 江苏省中华民国工商税收史编写组，中国第二历史档案馆. 中华民国工商税收史料选编：第四辑（直接税 · 印花税）. 上册. 南京：南京大学出版社，1994：169.

律法规的多次解释也说明了这一点。如:"房地产之收益如系营利性质者,作为第一类营利事业论。不以房地产为营利目的之公司、商号而有房地产之收益者,应列入收益总额计算"(解字第二九号)、"征收房屋租赁所得税时,押租利息应与租金合并计算课税"(1938年,渝处字一五一六号令)等等。① 1942年11月,国民政府财政部又拟订《财产租赁出卖所得税法(草案)》,经行政院转送立法院审议后,制定成《财产租赁出卖所得税法》,于1943年1月公布实施。该税以土地、房屋、堆栈、码头、森林、矿产、舟车、机械等八项财产之租赁所得或出卖所得为征税对象。土地、房屋明列其中,当然也应视为房地产税收的一种。该税实行超额累进税率,租赁所得税率自10%~80%,分为4级;出卖所得税率自14%~50%,分为10级。该税开征后,受到学者专家的拥护,但遭到一般房地主和房地产市场投机分子的激烈抵制。尤其是该法所征收的土地部分更致"群情愤激,有拒缴征粮以相抵制之酝酿",致使国民政府行政院于1943年12月训令财政部将该税的土地部分"暂行缓征"。②

3. 遗产税

孙中山先生早年在节制资本的思想中就明确提出重用所得税和遗产税两个直接税种。南京国民政府成立后,开始积极筹划将遗产税作为节制资本的重要手段。但由于这种税收与中国

---

① 江苏省中华民国工商税收史编写组,中国第二历史档案馆. 中华民国工商税收史料选编:第四辑(直接税 · 印花税). 上册. 南京:南京大学出版社,1994:108.

② 金鑫,等. 中华民国工商税收史:直接税卷. 北京:中国财政经济出版社,1999:86.

人传统的家庭继承观念相去太远，难得群众支持，因而难以实施。直到抗战爆发后，国民政府为解决严峻的战时经济危机，才决然开征遗产税。1938 年，经立法院依法定程序审议后，由国民政府正式公布《遗产税暂行条例》，次年又公布《遗产税暂行条例施行条例》。1940 年 7 月 1 日起，中国政府第一次正式开征遗产税。《暂行条例》第 2 条规定：遗产为被继承人之动产、不动产及其他一切有财产价值之权利。由此可见，房地产当然属于遗产税的征税对象。① 1946 年，在经过立法院审核后，国民政府又公布施行《遗产税法》，在形式上完成了中国遗产税的立法工作。1949 年 9 月 7 日，已经逃离南京的国民政府还对原有《遗产税法》进行修正并公布新的《遗产税法》，成为中国近代税收立法的绝响。

4. 过分利得税

过分利得税，又称战时利得税，本是第一次世界大战期间在欧洲创立的一种新税收。抗日战争全面爆发后，民族危机既是对全民族生存的灾难和考验，也让一部分人乘机大发横财，短时间里暴富起来。特别是一些原本在后方就拥有房地产，或者在战争开始后即时投资房地产业的人，面对滚滚而来的逃难人群，他们手上的房地产立即变得奇货可居，因而大发国难之财。为了抑止利用国难而囤积居奇，牟取暴利的行为，也为了调节房地产市场，增加财政收入，国民政府决定引进并实施过分利得税。1938 年 10 月，在经过立法院草拟和修改后，国民政府正式施行

① 金鑫，等. 中华民国工商税收史：直接税卷. 北京：中国财政经济出版社，1996：180.

《非常时期过分利得税条例》。条例将过分利得税的征收范围划分为营利事业过分利得和“财产租赁之利得,超过其财产价额百分之十二者”,其中“财产租赁,系指以出租房屋收取利益者而言”,进一步明确了房地产收益属于过分利得税的征收对象。

1943 年,国民政府又公布正式的《非常时期过分利得税法》,随后财政部公布《非常时期过分利得税法施行细则》。过分利得税的开征,必然抑制了一部分商人利用手中存货,特别是存量房地产大发战争财的念想,因而在开征初期遭到了不少商界人士的抵抗。经过国民政府一面加强宣传工作,一面加强税法的稽查管理,该税法逐渐得以推广,收到了一定的经济效果。1947 年,国民政府又废止《非常时期过分利得税法》,转立《特种过分利得税法》。但八年抗战已经结束,过分利得税却征收如故,税收用途已经显然不再是抗击外寇,保卫民族,而是资助内战之需。这种为内战而加重商旅负担的做法必然丧失民心,引发商界新的不满和抗议,最终迫使国民政府于 1948 年 4 月 1 日起明令废止《特种过分利得税法》。

(五) 民国房地产税收法制的特征

综观民国(1912－1949 年)的历史,房地产税收一直是政府财税工作的一部分,这方面的立法和征管内容复杂,史料丰富,纵贯了民国时期的全过程。总结这段历史时期的房地产税收法制,大约呈现出以下六种明显特征:

1. 初创现代房地产税法体系,实现新旧税制的转型

中国税收制度虽然起源于三四千年前,历史悠久,但是一直

以田赋和劳役为主，呈现“赋(税)(徭)役并行”的基本结构。[①] 房地产税收长期以单一的契税为主，在国家财政体系中地位细微。

近代时期，在西方现代文化冲击下，中国社会开始被迫转型，发生李鸿章所谓的“数千年未有之变局”，国家税制也随之而动。尤其是经过晚清70年的积累，这种变化至民国时期开始呈现出质的飞跃。短时期内，旧制度被一一废止，新法律层出不穷，导致“中国的税收制度也由封建税制向资本主义税制方向演进。……其间历经曲折，直至国民党政府末期，始逐步建起资本主义近代税制框架”[②]。与此同时，中国的税收思想和理论也发生根本变化。到20世纪30年代，以吴崇毅的《财政立法原理》为代表，基本建立起了中国财税法学，依法治税，税收法定至少在形式上成为国家税收的主导思想。

中国税收界的现代化变革，在房地产税收领域得到具体而明显的反映。在晚清和民国时期，以1943年公布的《房捐条例》和《契税条例》为标志，我国已经建立起了以契税针对房地产流转环节，以房产税(房捐)针对房地产保有环节，辅以地价税、土地增值税、所得税、印花税、遗产税和过分利得税等税种的现代房地产税法体系。

1949年以后，民国时期所形成的近代税收制度随国民政府退缩台湾，而在我国台湾地区保留下来，奠定了我国台湾地区当前“税收法制”(包括房地产“税收法制”)的基本框架。可见，近代房地产税收法制对后世影响之深远。

---

① 黄天华.中国税收制度史.上海:华东师范大学出版社,2007:68.

② 金鑫,等.中华民国工商税收史纲.北京:中国财政经济出版社,2001:1.

2. 重视税收征管,开创税收程序立法

中国传统思维具有典型的合目的性,即重视行为的结果,轻视行为的过程。这种思维模式反映在法律上,便形成中华法系的一个典型特征——重实体,轻程序。历代王朝有许多典章法制,但绝大多数都属于实体法,很少有专门的程序立法。在税收法制领域也是如此。这种状况在实现法制现代化的晚清至民国时期得到了转变,民国时期曾经制定过《各省市土地税征收通则》《房捐征收通则》等税收征管方面的程序法。它们虽然不够完善,但已经是对四千年中国税收制度史的创新。在这些立法中,房地产计税价格评定法制有着十分突出的意义。民国时期是我国重视房地产计税价格的评定,探索房地产计税价格评估立法与实践的开端(当然,房地产计税价格评定法制不能纯粹归属于税收程序法范畴,它也有实体法的性质)。

我国契税立法虽然时间悠久,但关于契税的计税价格,一直规定以"契价"为准。契价是房地产交易双方当事人自定价格,显然不具有严格的标准性和规则性。当事人如果低报少报契价,则造成国家税收流失,所以契价不宜作为征税法定标准。1928 年,上海曾经制定了《上海市房产估价委员会章程》。[①] 3 年后的 1931 年,浙江省财政厅经省政府同意,通令全省"整顿各县契税办法"。其中规定为防止当事人申报纳税时故意降低契价,偷税漏税,应当制定衡量房地产价格的统一标准,因此要求各县税务机关"召集各法团及自治团体,组织不动产评价委员

① 金鑫,等.中华民国工商税收史:地方税卷.北京:中国财政经济出版社,1999:212.

会,分区评定现时产价,列表公告,作为随时比较业户税契有无短价之标准。如发现契价与评定时价相差悬殊时,应调查该产确实地价,计算其短纳税额”①。

上海和浙江省的这两项通过房地产评价委员会评定房地产价格而作为计税依据衡量标准的地方立法,是我国房地产价格评估行业的开篇之作,由此迈出了我国房地产价格评估立法和实践的第一步,在中国房地产税收和法制史上具有开创意义。在浙江尝试实施房地产计税价格评定方法 12 年之后,国民政府终于进行立法,建立中国的现代价格评估机制,严格房地产税收征管。1943 年 8 月,国民政府公布《房产评价委员会组织规程》,决定对全国房产依法进行价格评定,为房捐等税收征缴服务。②212 同年 12 月,国民政府又公布了《各县(市)不动产评价委员会组织规程》及《各县(市)评价实施办法》。②150 这两项立法规定各县(市)要组织 9 ~11 人的评价委员会,调查评定各地房地产价格,并且予以公告。同时还规定了复议的救济程序和呈核省田赋管理处备案的监督程序。中国的房地产价格评定法制由此诞生。

3. 划分中央税和地方税,明确房地产税收的地方税性质

前文已述,中国传统财政制度上没有中央税和地方税的区别。自清末起,中国才开始讨论和筹划划分国家收入和地

---

① 江苏省中华民国工商税收史编写组,中国第二历史档案馆. 中华民国工商税收史料选编:第五辑(地方税及其他税捐). 上册. 南京:南京大学出版社,1999:1088.

② 金鑫,等. 中华民国工商税收史:地方税卷. 北京:中国财政经济出版社,1999.

方收入,并最终在 1935 年 7 月制定了《财政收支系统法》。在这次立法及其他相关立法中,基本都规定了土地税、房屋税、契税属于地方税,印花税、遗产税、所得税属于中央税。只有个别时期将契税划归了中央税,或将土地税作为中央和地方的共享税。这种划分表明在民国时期,政府已经确立了房地产税属于地方税的性质。印花税、遗产税和所得税不是仅仅针对房地产行业,不是单纯的房地产税种,所以都归属中央税或央地共享税。这种划分符合房地产税收的特性,至今仍有现实意义。

4. 法定税种比较简单,改变轻保有、重流转的传统

民国时期直接针对房地产的税种只有 5 个,分别是契税、房捐、土地税(包括地价税、土地增值税)和土地改良物税,其中以房产为课税对象的是契税、房捐和土地改良物税。契税针对房地产流转环节,房捐、地价税、土地改良物税针对房地产保有环节,土地增值税分所有权人保有房地产的不同期限而兼顾房地产流转和保有两个环节。应该说,这段时期因为创建新税制,对传统税制进行改造和转型时间不久,现代税制尚未稳定和完善,所以房地产税制还比较简单。但是这段时期已经形成的税种和税负在房地产流转和保有环节并重,这是中国历史上前所未有的新现象。这种并重至少改变了中国历史上惯有的轻保有、重流转的传统格局。

5. 法制改动频繁,变化不定,稳定性不够

法律既要不断地更改修正,以适应社会实际的变迁,另一方面也不能变迁过于频繁,否则将失去法律作为人们行为

准则的标准性。中国古代将那种变化不断，朝令夕改，让守法者无所适从的情形形象地比喻成“摇镜不明”。这一点在民国前期的房地产税收法制中表现得尤为明显。究其法律缺乏稳定性的原因主要有二：一是战乱连绵，政局动荡不安；二是社会和文化体系正处于由旧向新的转型中。到40年代，随着中国法制转型的基本完成，资本主义的六法体系初步建立，房地产税收法制才相对稳定下来。有些法律被国民政府移至我国台湾地区后还持续生效，经过不断修改后，适用至今（如“契税条例”）。这也从一个侧面彰显了民国时期当时的立法水平和成就。

6. 实施效果不突出

民国时期已经初步建立起现代房地产税收法制体系，但其实施效果并不突出，其原因大约有四：第一，中国市场经济不发达，税源缺乏。当时，中国社会从传统的农业经济向现代市场经济的转型刚刚起步，全国绝大多数人口都还是农民，生活在农村。除上海、广州等极少数发达城市外，房地产的开发企业和交易市场几乎为零。第二，社会转型时期，现代税收体制没有及时普及。农民或市民在家族内部转让房产，或自行转让，无需办理产权登记，亦无需领取政府证照，仍是房地产领域的主流现象。在这种现象影响下，契税、土地增值税、所得税、遗产税等以财产转移文书为凭据的税收都难以据实征收，导致该领域本就不多的税源又流失严重。第三，政权腐败，税收领域贪污受贿成风。苛捐杂税、重征预征等制度内或制度外的压榨迫使广大农民和无产者走投无路，只能为了生存而奋起反抗，社会上各种各样的抗租、抗税、抗捐斗争连续不断,各种税收领域都缺乏良好的征税环境。第四,以阶级观点分析,近代税收制度"具有浓厚的封建性、掠夺性和半殖民地性。……无论怎么运行,它都是沾着普通百姓,即中国人民的鲜血和泪水"①。这样的制度不管形式上怎样创新和完善,也不可能得到人民群众的理解和支持。失民心者失天下。腐败的统治终究难逃覆灭的命运。

民国时期的房地产税收立法是中国融入以西方文化为中心的现代世界体系后,最早采用国际通行的税收制度,构建起特定行业和领域的税收体系,是中国税收法制,特别是房地产领域税收法制现代化的开端和最早尝试。在这段时期里产生的中国早期财税法学理论,以及这段时期里的房地产税收立法和执法、司法实践都为后人重建中国特色的房地产税收法制提供了基础与参照,也积累了经验教训,值得后世认真总结。

三、潮落潮起——新中国五十余年

1949 年新中国成立后,我国的税制几经变动,税种经历了一个由繁到简,又由简到繁的演变过程,可谓潮落潮起。房地产税收法制也随着整体税制的改革而波动和发展。

(一) 房地产税制的起步阶段(1949－1956 年)

1949 年解放初期,各解放区为了稳定社会,逐步恢复人民群众的正常生活秩序和经济建设,基本采用了暂时沿用国民党

① 黄天华. 中国税收制度史. 上海:华东师范大学出版社,2007:715.

政府旧税制的政策。如1949年1月15日天津市解放，中共中央在1月24日就发出了《关于天津市旧有税收及房屋问题的指示》，声明：天津市旧有各种税收，原则上应该一律暂时照旧征收，以便市政府能有自己的经费。这对人心的安定，秩序的恢复亦有帮助。许多城市因我们在最初不收税，反而引起人心不安及特务造谣。各种税收及税率、税则的改革，除少数苛捐杂税亟待停止或改革者外，一般可待二、三个月调查研究清楚后，再来实行改革不迟。[①] 这种以旧代新的税制，只是解放初期迫不得已的权宜之策。

解放初期，对我国新税制的形成有重大影响的是1949、1950和1951年分别在北京召开的三次全国税务会议。1949年11月，首届全国税务会议在北京召开，整理旧税制，创建新生政权领导下的税收体系工作由此拉开帷幕。1950年，在全国税务会议工作报告的基础上，政务院发布《关于统一全国税政的决定》，同时附发《全国税政实施要则》，正式开始中国新税制的建设。与《全国税政实施要则》同时，政务院还附发了《工商业税暂行条例》。同年4月，政务院发布《契税暂行条例》，即日起施行。这是新中国第一部专门的房地产税收法律。20世纪50年代中期，在国家迅速实行生产资料所有制的社会主义改造后，土地的买卖和转让被禁止，房屋产权变动的征税范围也日益缩小，因而使契税在以后的近30年时间内几乎名存实亡。[②] 除契税外，1950年5月，财政部内部颁发了《房产税暂行条例(草案)》

① 刘志城.中华人民共和国工商税收史长编.北京：中国财政经济出版社，1988：49.

② 刘佐.社会主义市场经济中的中国税制改革(1992－2002).北京：中国税务出版社，2002：5.

和《地产税暂行条例(草案)》。

1950 年 6 月,第二届全国税务会议依据《共同纲领》简化税制的原则,通过决议把房产税和地产税合并为一种税,叫作房地产税,并拟订了《房地产税暂行条例(草案)》。该《草案》经过 1951 年 3 月的第三届全国税务会议讨论研究,于 1951 年 8 月向全国公布施行,名称改定为《城市房地产税暂行条例》。《条例》规定该税的开征范围以大城市为主,其次是中等城市,小县及乡村的房地产开征时技术上有困难,暂不开征。① 1950 年 1 月,政务院公布实施《工商业税暂行条例》。1950 年 12 月,政务院又公布《印花税暂行条例》。这两个税收中都列有房地产或房地产代理的税目。这样,建国初期,我国房地产税共由契税、印花税、城市房地产税和工商业税等四种组成。

(二) 房地产税制的单一阶段(1956 - 1978 年)

1956 年,我国的社会主义改造初步完成,工商业税制在“在原有税负的基础上简化税制”的方针指导下进行改革。1958 年,国家第一次简化税制,将印花税和工商业税中的营业税部分并入工商统一税。1973 年,进一步简并税制,把对国有企业和集体企业征收的房地产税并入工商税,保留下来的城市房地产税只对房产部门、个人、外国居民、外国企业和外商投资企业继续征收。同时,将工商统一税也一起并入工商税中。至此,我国房地产税收只剩下契税、城市房地产税和工商税 3 种,而且征收范围大为缩小。这一时期的变化对房地产税就制度而言过于单

① 刘志城.中华人民共和国工商税收史长编.北京:中国财政经济出版社,1988:91.

调，就税源而言数量又极小，可以说是中国房地产税制停滞乃至倒退的阶段。

（三）房地产税制的调整阶段（1978－1994 年）

随着经济利益和所有制形式的多元化，我国房地产税种也在不断增加。1982 年国务院决定在全国范围内开征交通能源重点建设基金。1983 年实行第一步"利改税"，国务院决定设立国营企业所得税，同年 10 月 1 日开征建筑税。1984 年实行第二步"利改税"，全面改革工商税制，国务院决定恢复征收停征超过 10 年的房地产税，并正式将房地产税从城市房地产税中独立出来，更名为房产税和城镇土地使用税。

1986 年国务院颁布了适用至今的《房产税暂行条例》，规定房产税征收范围为城市、县城、建制镇和工矿区，并规定了具体的征收办法。1984 年，营业税也与工商税相分离，成为一个独立的税种。同时发布《集体企业所得税暂行条例》，从 1985 年 1 月 1 日起，全面开征集体企业所得税。1985 年 2 月国务院颁发《中华人民共和国城市维护建设税暂行条例》，决定从 1985 年 1 月 1 日起全面开征城市建设维护税。1986 年国务院开征教育附加费，以扩大地方教育经费的资金来源。同时，为保护有限的耕地资源，稳定农业生产，1987 年国务院决定开征耕地占用税，1988 年颁布《耕地占用税条例》。同年 8 月，国务院发布《中华人民共和国印花税暂行条例》，时隔 30 年后，印花税再次作为一个独立的税种在全国征收。9 月，为适应私营经济发展的要求，国务院决定开征私营企业所得税。

1991 年《中华人民共和国固定资产投资方向调节税暂行条例》出台，固定资产投资方向调节税取代建筑税，作为一个新税种于同年1月1日开始征收。这样截至1993年底,在新税制改革方案出台之前,我国原有31个工商税种中涉及房地产领域的主要税种已达14种。

(四) 房地产税制的改革阶段(1994－2003年)

1993年3月,第八届全国人大第一次会议上,中国政府正式提出根据建设社会主义市场经济的需要,要进一步改革财政税收体制,实行以中央与地方的分税制和国有企业的利税分流为大方向的税制改革。1994年,改革全面展开,房地产税制也因此而进入了一个新的改革阶段。1993年12月13日,国务院颁布《土地增值税暂行条例》,自1994年1月1日起施行,开始征收土地增值税。同日,国务院还颁布《营业税暂行条例》,对转让土地房屋等不动产的行为征收营业税。至此,中国房地产新税制基本成型。

(五) 物业税为中心的改革新阶段(2004年至今)

随着中国的改革开放,国家经济和社会生活都发生了深刻的转型。特别是从旧的房屋分配机制向新的住房市场化和私有化的变革,使得20世纪90年代形成的房地产税收体制已经逐渐不再适合新形势的需要。特别是进入新世纪后,中国城市化进程加快,居民拥有和改善住房的需求变得更加迫切。与此同时,在住房公积金和商业贷款等金融政策推动下,全社会对房地产的购买力不断增强,同时,投机、囤积、炒作房地产的行为也盛行于世。改革中国房地产制度,包括房地产税收制度的呼声越来越强烈,进一步地深化改革势在必行。2003年10月,中共中央在十六届三中全会在《关于完善社会主义市场经济体制若干问题的决定》中明确提出:“实施城镇化建设税费改革,条件具备时对不动产开征统一规范的物业税,相应取消有关收费。”新一轮的以统一的物业税为中心的房地产税制改革由此启动。虽然,物业税至今还没有开始正式征收,但中央的决议、学界的讨论、实务部门的准备都正在推动着这场改革的进展。

第三章　自成一体
——当代中国的房地产税法体系

一、法律渊源

法律形式意义上的渊源是指法的创制方式和表现形式，即法的效力渊源。通常所说的法律渊源，就是指法的效力渊源。无论是大陆法系国家，还是英美法系国家，都有众多的法律制度。众多的法律制度同时以社会为客体，承担着调整人们行为的责任，诸法律之间难免会发生矛盾，甚至冲突。调解法律的原则是同一部法律的不同版本之间旧法服从新法，不同法律之间下位法服从上位法。旧法与新法的区别在于其颁布或实施时间之先后；下位法与上位法之间的区别则主要取决于各部法律的制定者在国家立法体系中位阶的高低，即不同法律间法律渊源的不同。

我国当代的法律渊源（本书仅指作为我国主体的实行社会主义制度的中国大陆法律渊源）是以宪法为核心和以制定法为主的法律渊源。我国的现行宪法是我国社会主义制度的法律基础，是我国社会主义法律的效力根据和合法性标准，在整个国家所有法的渊源中处于核心地位。制定法是长期形成的中华法系的传统，也是我国近现代受大陆法系传统影响较深所形成的我国主要的法的渊源。我国社会主义法律在正式意义上的渊源主要有：宪法、法律、行政法规、地方性法规、自治法规、特别行政区法律、行政规章、国际条约。此处的法律是狭义的法律，指由全国人民代表大会及其常务委员会经一定立法程序制定的规范性文件。法律通常规定和调整国家、社会和公民生活中某一方面带有根本性的社会关系或基本问题，又分为基本法律和非基本法律。法律的效力和地位仅次于宪法，是制定其他规范性法律文件的依据。广义上的法律还包括所有不同法律渊源的法律法规，即各种规范性法律文件。

我国的房地产税收法律目前都是行政法规，如《中华人民共和国房产税暂行条例》《中华人民共和国契税暂行条例》《中华人民共和国土地增值税暂行条例》等，都被称为《××税暂行条例》。

二、税法体系

我国现行房地产税制的基本框架是在1994年分税制改革后形成的，涉及的税种主要有12个，其中与房地产有直接关系的7个，即土地增值税、城镇土地使用税、耕地占用税、房产税、城市房地产税、契税、营业税。前6个税种都是专门以房地产为财产或以取得、占有、转让房地产的行为作为征税对象，是纯粹的房地产税。营业税虽然不是专门针对房地产的税种，但“销售不动产”是营业税的主要税目，该税与房地产业务联系紧密，可以视为有直接关系。其他与房地产间接相关的税种有5个，即企业所得税、外商投资企业和外国企业所得税、个人所得税、印花税、城市维护建设税。另有一个固定资产投资方向调节税已经暂时停征。

上述税收所依据的基本法律法规,即其法律渊源分别是:

(1) 城市房地产税:《城市房地产税暂行条例》,1951 年 8 月 8 日政务院颁布,即日起施行。

(2) 房产税:《中华人民共和国房产税暂行条例》,1986 年 9 月 15 日国务院颁布,自当年 10 月 1 日起施行。

(3) 耕地占用税:《中华人民共和国耕地占用税暂行条例》,1987 年 4 月 1 日国务院颁布,即日起施行。

(4) 城镇土地使用税:《中华人民共和国城镇土地使用税暂行条例》,1988 年 9 月 27 日国务院颁布,自当年 11 月 1 日起施行。

(5) 土地增值税:《中华人民共和国土地增值税暂行条例》,1993 年 12 月 13 日国务院颁布,自 1994 年 1 月 1 日起施行。

(6) 营业税:《中华人民共和国营业税暂行条例》,1993 年 12 月 13 日国务院颁布,自 1994 年 1 月 1 日起施行。

(7) 契税:《中华人民共和国契税暂行条例》,1997 年 7 月 7 日国务院颁布,自当年 10 月 1 日起施行。

(8) 个人所得税:《中华人民共和国个人所得税法》,1980 年 9 月 10 日五届全国人大三次会议颁布,即日起施行。

(9) 城市维护建设税:《中华人民共和国城市维护建设税暂行条例》,1985 年 2 月 8 日国务院颁布,自当年 1 月 1 日起施行。

(10) 印花税:《中华人民共和国印花税暂行条例》,1988 年 8 月 6 日国务院颁布,自当年 10 月 1 日起施行。

(11) 外商投资企业和外国企业所得税:《中华人民共和国外商投资企业和外国企业所得税法》,1991年4月9日七届全国人大四次会议颁布,自当年7月1日起施行。至2008年1月1日废止。

(12) 企业所得税:《中华人民共和国企业所得税暂行条例》,1993年12月13日国务院颁布,自1994年1月1日起施行。至2008年1月1日废止。

自2008年1月1日起,新的《中华人民共和国企业所得税法》将正式生效实施,内外资企业所得税予以合并,房地产税种由12个减少为11个。

三、税收征管法

我国现行的税收征管法,是我国房地产税收,也是所有其他税种依法征管的基本程序法。《中华人民共和国税收征管法》于1992年9月4日由七届全国人大常委会第二十七次会议通过,并于1993年1月1日起施行;后又经九届全国人大常委会第二十一次会议在2001年4月28日进行了修订。1993年8月4日,国务院颁布了税收征管法的《实施细则》,并于2002年进行了修订。

现行的《税收征管法》共6章94条,除总则和附则外,全法的基本内容分为税务管理、税款征收、税务检查、税务处罚四部分。税务管理规定了税务机关代表国家对纳税人进行税务登记、受理纳税申报、对纳税人的账簿和凭证进行管理的权力。税款征收规定了税务机关应当依照法律、行政法规的规定征收税款的职责,以及税务机关在履行职责中可采取的措施，如核定纳税人税款、实施保全措施、采取强制执行措施等。税务检查包括对纳税人的账务资料检查，到纳税人的生产、经营场所和货物存放地对纳税人的应纳税商品、货物或其他财产进行检查，询问纳税人及扣缴义务人的有关纳税情况等。税务处罚部分规定了税务机关依法有权对违法者实施的税务行政处罚措施，包括罚款、加收滞纳金等。税收征管法是我国税收征管行为的基本法律，除此之外，财政部、国家税务总局还适时发布了多项关于加强房地产领域税收管理的通知、规定等，如2005年5月18日国家税务总局发布的《关于进一步加强房地产税收管理的通知》。这些法律法规共同构成了我国房地产领域的税收征管法。

四、税收实体法

在我国当前的税法体系中，开征的税种是22种，其中涉及房地产的税种有12种。本书挑选其中与房地产直接相关的7个税种（土地增值税、城镇土地使用税、耕地占用税、房产税、城市房地产税、契税、营业税），对其税法制度加以介绍。

1. 土地增值税

土地增值税是对转让国有土地使用权、地上建筑物及其附着物（一般简称为转让房地产）并取得收入的单位和个人，就其转让房地产所取得的增值额征收的一种税。土地增值税的作用主要在于三方面，一是增强国家对房地产开发和房地产市场的调控力度；二是抑制炒买炒卖土地投机获取暴利的行为；三是规范国家参与土地增值收益的分配方式，增加国家财政收入。1993 年 12 月 13 日，国务院颁布了《中华人民共和国土地增值税暂行条例》，自 1994 年 1 月 1 日起施行。1995 年 1 月，财政部印发《土地增值税暂行条例实施细则》。同年 5 月 25 日，财政部、国家税务总局联合印发《关于土地增值税一些具体问题规定的通知》。之后，财政部、国家税务总局又陆续颁布了一些有关土地增值税的规定、办法，这些构成了我国土地增值税法律制度。

土地增值税的征税范围是国有土地使用权及其附着物的产权转让后的增值部分。非国有土地，或国有土地使用权及附着物产权是“出让”（而非“转让”），或者是以继承、赠与方式无偿转让房地产的行为，以及房地产出租、抵押等未转让房产产权、土地使用权的行为均不属于土地增值税的征税范围。转让国有土地使用权、地上建筑物及其附着物并取得收入的单位和个人就是土地增值的纳税义务人，不论其是法人或自然人，也不论该企业是内资企业或者外资企业。

土地增值税的计税依据是纳税义务人转让房地产所取得的增值额（增值额 = 转让房地产取得的收入 - 扣除项目）。转让房地产取得的收入，包括转让房地产的全部价款及有关的经济收益，包括货币收入、实物收入和其他收入。扣除项目包括：①取得土地使用权所支付的金额；②开发土地的成本、费用；③新建房及配套设施的成本、费用，或者旧房及建筑物的评估价格；④与转让房地产有关的税金；⑤财政部规定的其他扣除项目。土地增值税实行 30% ~ 60% 的四级超率累进税率，是我国目前唯一采用超率累进税率的税种。

土地增值税的纳税义务人应在转让房地产合同签订之日起的 7 日内，到房地产所在地主管税务机关办理纳税申报，并在税务机关核定的期限内纳税。

2006 年 3 月 2 日，财政部和国家税务总局联合发出《关于土地增值税若干问题的通知》（财税〔2006〕21 号）。根据此项通知，北京市自 2006 年 12 月 1 日起，在全国率先对个人转让二手房的收入征收土地增值税。此后，杭州、上海、南京各地也相继开征，但开征的具体时间由各省（市、自治区）自行决定。2006 年 12 月 28 日，国家税务总局发出《关于房地产开发企业土地增值税清算管理有关问题的通知》（国税发〔2006〕187 号），要求自 2007 年 2 月 1 日起，各省税务机关可按规定对房地产开发企业土地增值税进行清算，进一步拓展了土地增值税在房地产领域的运用范围，以此加强税收对房地产市场的调控作用。

2. 城镇土地使用税

城镇土地使用税是国家在城市、县城、建制镇和工矿区范围内，对使用土地的单位和个人，以其实际占用的土地面积为计税依据，按照规定的税额计算征收的一种税。开征城镇土地使用税，有利于通过经济手段加强对土地的管理，变土地的无偿使用为有偿使用，促进合理、节约使用土地，提高土地使用效益；有利于适当调节不同地区、不同地段之间的土地级差收入，促进企业加强经济核算，理顺国家与土地使用者之间的分配关系。1988 年 9 月 27 日，国务院颁布《中华人民共和国城镇土地使用税暂行条例》，自 1988 年 11 月 1 日起施行。同年 10 月 24 日，国家税务总局印发《关于土地使用税若干具体问题的解释和暂行规定》。2006 年 12 月，国务院颁布《国务院关于修改 <中华人民共和国城镇土地使用税暂行条例> 的规定》,新的《城镇土地使用税暂行条例》自2007年1月1日起施行。这些构成了我国的城镇土地使用税法律制度。

城镇土地使用税的征税范围是城市、县城、建制镇和工矿区。凡在这些区域范围内的土地,不论是属于国家所有的土地,还是集体所有的土地,都是城镇土地使用税的征税对象。在征税范围内使用土地的单位和个人是城镇土地使用税的纳税义务人。纳税义务人实际占用的土地面积是城镇土地使用税的计税依据。税率采用有幅度的差别定额税率。按大、中、小城市和县城、建制镇、工矿区分别规定每平方米城镇土地使用税年应纳税额,最低0.6元,最高30元。

城镇土地使用税实行按年计算、分期缴纳的征收方法,具体纳税期限由省、自治区、直辖市人民政府确定。

3. 耕地占用税

耕地占用税的征税范围是占用用于种植农作物的土地建房或者从事其他非农业建设。占用前3年内曾用于种植农作物的土地,亦视为耕地。占用鱼塘、园地、菜地及其他农业用地建房或者从事其他非农业建设,视同占用耕地,属于耕地占用税的征收范围。占用的单位或个人就是耕地占用税的纳税义务人。但外商投资企业目前仍不用缴纳耕地占用税。耕地占用税的法律渊源是1987年国务院颁布的《中华人民共和国耕地占用税暂行条例》。

耕地占用税以纳税人实际占用耕地面积计税,按照规定税额一次性征收,也实行有幅度的差别定额税率。

4. *房产税*

房产税以房产为征税对象,按照房产的计税价值或房产租金收入向房产所有人或经营管理人征收。征收房产税的目的是运用税收杠杆,加强对房产的管理,控制固定资产投资规模和配合国家房产政策的调整,合理调节房产所有人和经营管理人的收入。房产税税源稳定,易于控制管理,是地方财政收入的重要来源之一。1986 年 9 月 15 日,国务院颁布并于同年 10 月 1 日起施行《中华人民共和国房产税暂行条例》。同年 9 月 25 日,财政部、国家税务总局印发《关于房产税若干具体问题的解释和暂行规定》,国务院以及财政部、国家税务总局之后又陆续颁布了一些有关房产税的规定、办法。这些构成了我国目前的房产税法律制度。房产税的征税范围为城市、县城、建制镇和工矿区的房屋。拥有这类房屋产权的单位和个人就是房产税纳税义务人。但是税法规定,对个人所有的非营业用房产免征房产税。外籍人员和华侨、香港、澳门、台湾同胞在内地拥有房产的,按照《城市房地产税暂行条例》的规定缴纳城市房地产税,不适用《房产税暂行条例》。

房产税以房产的计税价值或房产租金收入为计税依据。实行从价计征和从租计征两种计算方法。从价计征的房产税是以房产余值为计税依据,依照房产原值一次减除 10% ~ 30% 后的余值计算缴纳。具体扣除比例由省、自治区、直辖市人民政府确定。从租计征的房产税,是以房屋出租取得的租金收入为计税依据。房产税采用比例税率,从价计征的税率为 1.2% ,从租计征的税率为 12% 。

房产税在房产所在地缴纳,实行按年计算、分期缴纳的征收方法。

5. 城市房地产税

城市房地产税的征税范围是外商投资企业、外国企业、外籍人员、华侨以及港澳台同胞在大陆拥有的房产，而且仅适用于这些范围。该税与房产税构成目前我国房地产税收领域分别对外和对内的两个税种。城市房地产税的法律渊源是1951年8月8日由中央人民政府政务院颁布并实施的《城市房地产税暂行条例》。目前，该条例已经经过了多次修订。

城市房地产税以房产价值或以出租房屋的租金为计税依据。按照房产价值计税的，适用税率为1.2%；按照房租收入计税的，适用税率为18%。计算公式是:应纳税额=计税依据×适用税率。《城市房地产税暂行条例》对新建房屋、翻修房屋、华侨或侨眷用侨汇购买或者建造的住宅，以及其他特殊情况规定予以减免税。

城市房地产税按季或按半年分期交纳，由当地税务机关决定。《城市房地产税暂行条例》另外规定了纳税期限、偷漏税的法律责任。

6. 契税

现行的契税是指国家在土地、房屋权属转移时，按照当事人双方签订的合同，以及所确定价格的一定比例，向权属承受人征收的一种税。新中国成立以后颁布的第一个《契税暂行条例》规定:“凡土地、房屋之买卖、典当、赠与和交换，均应凭土地、房屋的产权证明，在当事人双方订立契约时，由产权承受人缴纳契税。”之后，契税法律制度不断修订和调整。1997年7月7日国务院颁布并于同年10月1日起施行《中华人民共和国契税暂行条例》,同年10月28日,财政部印发《契税暂行条例实施细则》。之后,财政部、国家税务总局又陆续颁布了一些有关契税的规定、办法,构成了我国现行的契税法律制度。

契税以在我国境内转移权属的土地、房屋作为征税对象。土地、房屋权属未发生转移的,不征收契税。征税范围主要包括国有土地使用权出让、土地使用权转让(不包括农村集体土地承包经营权的转移)、房屋买卖、房屋赠与、房屋交换等。在实际中还有其他一些转移土地、房屋权属的形式,如以土地、房屋权属作价投资、入股,以土地、房屋权属抵债;以获奖方式承受土地、房屋权属;以预购方式或者预付集资建房款方式承受土地、房屋权属等。对于这些转移土地、房屋权属的形式,也分别视同土地使用权转让、房屋买卖或者房屋赠与征收契税。典当、继承、出租或者抵押等,均不属于契税的征税范围。

在我国境内承受土地、房屋权属转移的单位和个人都是契税的纳税义务人。承受是指以受让、购买、受赠、交换等方式取得的土地、房屋权属的行为。

按照土地、房屋权属转移的形式、定价方法的不同,契税的计税依据分为四类:第一,国有土地使用权出让、土地使用权出售、房屋买卖,以成交价格作为计税依据。第二,土地使用权赠与、房屋赠与,由征收机关参照土地使用权出售、房屋买卖的市场价格核定。第三,土地使用权交换、房屋交换,以所交换的土地使用权、房屋的价格差额为计税依据。计税依据只考虑其价格的差额,交换价格不相等的,由多交付货币、实物、无形资产或其他经济利益的一方缴纳契税;交换价格相等的,免征契税。第四,以划拨方式取得土地使用权,经批准转让房地产时应补交的契税,以补交的土地使用权出让费用或土地收益作为计税依据。

为了防止纳税人隐瞒、虚报成交价格,偷、逃税款,税法规定对成交价格明显低于市场价格而无正当理由的,或所交换的土地使用权、房屋价格的差额明显不合理并且无正当理由的,征收机关可以参照市场价格核定计税依据。

契税实行3%~5%的幅度税率,纳税义务发生时间是纳税义务人签订土地、房屋权属转移合同的当天,或者纳税义务人取得其他具有土地、房屋权属转移合同性质凭证的当天。契税实行属地征收管理。纳税义务人在发生契税纳税义务时,应向土地、房屋所在地的税收征收机关申报纳税。

7. 营业税

营业税不是专门针对房地产的税种,但营业税三大征税范围的其中之一就是“销售不动产”,可见房地产是营业税的一大税源,营业税也是房地产业税收收入中的主导税种(营业税收入通常占房地产业税收收入的60%左右,为房地产业第一大税收)。

营业税是指对提供应税劳务、转让无形资产和销售不动产的单位和个人,就其取得的营业收入额(销售额)征收的一种流转税。1993 年 12 月 13 日,国务院发布《中华人民共和国营业税暂行条例》。同月 25 日,财政部发布了《中华人民共和国营业税暂行条例实施细则》。《暂行条例》和《细则》都自 1994 年 1 月 1 日起施行。营业税征收范围仅限于提供应税劳务、转让无形资产和销售不动产,而将货物的生产、销售以及加工、修理、修配劳务纳入增值税征收范围。

《暂行条例》规定了营业税的 9 个税目,其中 7 个属于提供劳务性质,1个是针对转让无形资产,1个“销售不动产”是专门针对房地产行业。销售不动产,是指有偿转让不动产所有权的行为。征税范围包括:销售建筑物或构筑物、销售其他土地附着物。自2003年1月1日起,以不动产投资入股,参与接受投资方利润分配、共同承担投资风险的行为,不征收营业税。

在中国境内提供应税劳务、转让无形资产或者销售不动产的单位和个人,都是营业税的纳税义务人。个人无偿赠与不动产的行为,不征收营业税。纳税人的营业额为纳税人提供应税劳务、转让无形资产或者销售不动产时向对方收取的全部价款和价外费用。价外费用包括纳税人提供应税劳务、转让无形资产、销售不动产向对方收取的手续费、基金、集资费、代收款项、代垫款项及其他各种性质的价外收费。凡属价外费用,无论会计制度规定如何核算,均应并入营业额计算应纳税额。

营业税实行有差别的比例税率。交通运输业、建筑业、邮电通信业、文化体育业适用3%的税率;服务业、转让无形资产、销售不动产和金融保险业适用5%的税率;娱乐业适用20%的税率。

营业税实行起征点制度。现行营业税的起征点分为两类:按月纳税的起征点为月营业额1 000 ~ 5 000元;按次纳税的起征点为每次(日)营业额100元。

营业税以纳税义务人收讫营业收入款项或者取得索取营业收入款项凭据当天为纳税义务发生时间。税收征管实行属地征收管理。

2006年6月16日,财政部、国家税务总局联合发布《关于调整房地产营业税有关政策的通知》(财税〔2006〕75号),规定自2006年6月1日后,个人将购买不足5年的住房对外销售的，全额征收营业税；个人将购买超过5年(含5年)的普通住房对外销售的，免征营业税；个人将购买超过5年(含5年)的非普通住房对外销售的，按其销售收入减去购买房屋的价款后的余额征收营业税。普通住房及非普通住房的标准、办理免税的具体程序、购买房屋的时间、开具发票、差额征税扣除凭证、非购买形式取得住房行为及其他相关税收管理内容，另文规定。根据中央政策，自2007年起全国各地都加强了对个人房产交易的营业税征管，其中除了对个人转让住房行为外，还包括个人出租房的管理。

第四章　美中不足
——中国房地产税法存在的问题

一、立法方面

（一）税收立法权

税收立法权的概念从属于国家立法权。广义的立法是指法定的国家机关制定规范性法律文件的活动，狭义的立法仅指最高国家权力机关及其常设机关制定法律的活动。所谓国家立法权，就是指国家对法的制定权。相应地，国家立法权也有广义和狭义之分。目前的税收立法权都是从广义上使用立法权的概念。

通常所说的税权，"即税收权限的简称，也称税收管辖权。是指一国之内，在处理纵（横）向税收权限分配关系方面，中央和地方政权机关各自拥有的税收立法、税收行政和税收司法诸方面的权力；在国际层面上，税权就直接称为税收管辖权"①。税权的具体内容包括国家所拥有的税收立法权、税收行政（执法）权和税收司法权三部分。其中，"税收立法权是基本的、原创性的权力；税收行政权是最大量、最经常行使的

① 杨文利. 中国税权划分问题研究. 北京：中国税务出版社，2001：19.

税权；税收司法权是为税法有效实施和税务部门依法行政提供有力保障的权力"①。

税收立法权是一国税权的核心。税收立法权也是国家立法权在税收领域的具体体现。税收立法权，是指特定的国家机关，根据宪法所赋予的权力，对税收的基本法律制度以及征税主体、纳税人、税率、纳税环节、纳税期限和地点、减免税、税务争议和税收法律责任等税收要素，进行创制、认可、修改和废止的权力。税收立法权主要包括：设立税种并制订和颁布税法的权力、经立法机关授权制订税法实施细则和对税收法律法规进行解释的权力、规定税收要素的权力等三方面。其中尤为重要的是税种的开征权与停征权、税目的确定权和税率的调整权、税收优惠的确定权等。② 根据税收立法的主体、层级、内容等不同标准，还可以将税收立法权分为其他多种类型。如权力机关的税收立法权、行政机关的税收立法权和司法机关的税收立法权，以及中央税收立法权和地方税收立法权等。

目前，税收征管实务中尤其注重的是税收立法的主体及其各自制定的税法，据此可区分税法的不同层级，解决税法的冲突问题。根据立法主体的不同，我国税收立法又可分为：①经全国人民代表大会审议通过的税收法律；② 经全国人大常委会原则通过，由国务院颁布的税收条例；③ 由全国人大及其常委会授权国务院制定和颁布的税收条例；④由国务院授权财政部和国家税务总局制订，经国务院批准或批转的税收

---

① 杨文利. 中国税权划分问题研究. 北京：中国税务出版社，2001：20.

② 张守文. 税权的定位与分配. 法商研究，2000(1)：45.

试行规定;⑤地方权力机关和地方政府部门在国家税收法律规定的范围内,对某些地方税收法规的部分内容进行的规定和解释。纵览当今世界,依据中央和地方立法权限在房地产税收方面的不同,可将房地产立法体制分为绝对集权型、相对集权型、相对分权型和绝对分权型四种类型。其中,瑞典是绝对集权型的代表,英国、法国和我国台湾地区是相对集权型的代表,日本、荷兰是相对分权型的代表,美国和加拿大则是绝对分权型的代表。我国根据立法规则和结果,应属于相对集权型的一类。①

(二) 我国税收立法权的历史与现状

1. 历史

学界通常认为自 1949 年建国后,我国税收制度经历了五个不同的重要阶段,相应地每个阶段都涉及到对税收立法权的调整。

第一阶段是 1950 - 1957 年。在这一阶段中,国家以《全国税政实施要则》(1950 年)为标志,将各种税法的制定权和调整权都高度集中于中央,形成了逐步集中新型税收立法权原则。

第二阶段是 1958 - 1976 年。在这一阶段中,以《国务院关于改进税收管理体制的规定》(1958 年)为标志,面对经济建设上的多次挫折和政策上的混乱,国家下放了部分税收管理权限,包括部分税收立法权,使得省、自治区、直辖市获得了较多的税收征管和调节权,甚至还包括部分地区性税种开征

① 谢伏瞻.中国不动产税制设计.北京:中国发展出版社,2006:92 - 93.

权。这次调整主导了建国后将近20年的时间,是在国家经济由于统一计划、集中管理而遭受挫折的大背景下做出的,是国家税收立法权探讨改革出路的信号。总体而言,我国税收立法权在这段时间里的特色是稳定有余,灵活不足,甚至趋于僵化。

第三阶段是1977－1984年。在此阶段里,国家开始改革开放,税收制度必然随着经济建设高潮的到来而调整,税收立法权也随之而动。但因为经济改革首先自农村的联产承包责任制开始,城市经济及工商业领域的改革并没有随即启动,所以这段时间里税收立法权的改革并不是随着经济建设的需要,立即扩大地方权利,反而是将原来已经下放给地方的部分税收管理权又重新集中起来。相对于前一阶段末期的中央税收立法权有所松动而言,这一阶段的特色是反复和探索。

第四阶段是1984－1994年。在这一阶段里,第六届全国人大常委会于1984年通过了《关于授权国务院改革工商税制发布有关税收条例草案试行的决定》,首次明确了我国的税收立法权专属于全国人大及其常委会,作为行政机关的国务院必须获得权力机关的授权才能行使税收立法权。这次改革是在全国经济改革进入新阶段、全面推进"利改税"的大背景下进行的,是我国税收制度包括税收立法权深化改革的开端。可以说,这一阶段国家税收立法权的特色是初步改革。

第五阶段是1994年税制改革迄今。1994年,国家全面推行税制改革,最关键部分就是实行分税制。当年,国家开始尝试将屠宰税、筵席税等部分小税种的开征及停征权下放给地方。但这种尝试并没有连续,后来诸如此类的改革几乎没有再出现,以致迄今为止仍是由中央掌握绝大多数税种的立法权。可以说,1994 年分税制改革后,国家确立了税收立法权的基本模式,这一阶段的最大特色是深化改革和确立新模式。[①]

2. 现状

我国现行法律中对税收立法权进行直接调整的有三部,即《宪法》《立法法》《税收征管法》。其中,《宪法》作为国家的根本大法,确立了国家立法体制,其第 58 条和 100 条分别规定了我国的立法权。第 58 条规定:"全国人民代表大会和全国人民代表大会常务委员会行使国家立法权",明确了国家最高立法权的归属。第 100 条规定:"省、自治区、直辖市的人民代表大会和它们的常务委员会在不同宪法、法律、行政法规相抵触的前提下,可以制定地方性法规,报全国人民代表大会常务委员会备案。"省、自治区、直辖市人民政府所在地的市及国务院批准的较大的市的人民代表大会及其常务委员会也有此项权利。除此之外,中央行政机关(国务院及其职能部门)和地方行政机关(省、自治区、直辖市人民政府和省、自治区政府所在地的市及国务院批准的较大的市的人民政府)也享有制定行政规章的权力。但行政规章不得与国家宪法、法律、行政法规、地方法规相冲突,且行政规章不得作为司法机关判决案件的法律依据。根据这些规定,《宪法》在赋予各立法主体立法权的同时,并未将税收立法权明确排除在外,因此,从理论上讲,上述立法主体均应享有一定的税收立法权。然而,由于我国《宪法》没有对各立法主体在税收立法方面究竟应当享有哪些具体权限作出明确规定,致使《宪法》有关立法体制的

① 许善达,等. 中国税权研究. 北京:中国税务出版社,2003:28 – 29.

规定在税收领域很难得以准确适用。

《立法法》和《税收征管法》这两部法律对《宪法》在税收立法权上的宏观指导作出了针对性的补充。2000 年 3 月 15 日，第九届全国人大第三次会议审议通过了《中华人民共和国立法法》。该法第 8 条规定："下列事项只能制定法律：……（八）基本经济制度以及财政、税收、海关、金融和外贸的基本制度……"。第 9 条规定："本法第八条规定的事项尚未制定法律的，全国人民代表大会及其常务委员会有权做出决定，授权国务院可以根据实际需要，对其中的部分事项先制定行政法规"。全国人大及其常委会独自拥有税收等经济活动的基本法律立法权，但并不等于垄断所有有关税收活动的立法权。由于税收行政法律关系复杂多变，在各行业、各地区、各时段又各具特色，因此国家最高权力机关不可能就全部税收事项制定单一的法律法规，它在制定和调整税收基本法律后，应当并有权将非税收基本制度的立法权授予其他立法主体。《立法法》对全国人大及其常委会的税收立法权做出局限，并为其他立法主体的参与留下了灵活变通的空间。但是哪些税收制度属于基本制度，哪些属于非基本制度却没有明确的法律界定，以致《立法法》的这些规定又可能流于原则的合理性而给施行带来分歧。

2001 年 4 月 28 日，第九届全国人大常委会第二十一次会议修订通过了《中华人民共和国税收征管法》，对税收立法权的归属做出了更加具体的规定。该法第 3 条规定："税收的开征、停征以及减税、免税、退税、补税，依照法律的规定执行；法律授权国务院规定的，依照国务院制定的行政法规的规定执行。任何机关、单位和个人不得违反法律、行政法规的规定，擅自做出税收开征、停征以及减税、免税、退税、补税和其他同税收法律、行政法规相抵触的规定。”这一规定的目的在于尽力完善“税收法定”原则,对各类重大税收权力做出限制。有学者认为,这种规定就是明确了《立法法》所未能明确的税收基本制度,明确了全国人大及其常委会和经授权的国务院制定的税法的范围。根据此规定,凡是税收的开征、停征、免税、减税、补税、退税等内容都属于税收基本制度,只能由法律或行政法规进行规定。非税收基本制度方能由其他立法主体,包括特定的地方权力机关和行政机关制定。

《税收征管法》作为规范税收征纳关系的部门法,对《立法法》相关内容进行明确和细化是可行的。但它将税收的开征、停征、免税、减税、补税、退税等立法权力规定为全国人大及其常委会和经授权的国务院的专有权力,这使地方税收立法权受到极大限制,因为开征、停征、免税、减税、补税、退税等几乎囊括了全部税收立法事项。地方税收立法权就只有一般纳税人认定、发票管理、申报期限和申报内容等一些具体事项立法规范了。所以说,《税收征管法》在税收立法权限方面的规定并不一定符合《立法法》的立法原意,反而容易导致僵化,缺少变通。在这点上,《税收征管法》反而失去了《立法法》留有余地的优势,难以适应税收分权和税费改革等发展的需要。

除《宪法》《立法法》《税收征管法》的相关规定外,我国的单行税收法律、法规对税收立法权问题也有涉及。如《房产税暂行条例》第 6 条规定:除该《条例》第 5 条规定者外,纳税人纳税确有困难的,可由省、自治区、直辖市人民政府确定,定期减征或者免征房产税。此外,国务院制定的城镇土地使用税、城市维护建设税、车船使用税等《暂行条例》,均规定由省、自治区、直辖市人民政府制定实施细则，赋予了地方政府一定的税收立法权限。

总体上看，经过50多年的探索，我国现在已经形成了以《宪法》为指导，以《立法法》《税收征管法》为主体，以单行税收法律、法规为辅助的税收立法体系。这种体系符合国际税收的基本原则，也具有相当的中国特色，基本适应了我国改革开放和经济建设的需要。当然，我国税收立法权的法律体制也存在一些问题，有待进一步改善。

（三）我国税收立法权存在的问题

税收立法权的划分是指税收立法权在国家相关机构之间的分割与配置，它包括纵向的中央与地方之间的权力分配，也包括横向的国家同级立法、行政、司法机构之间的权力分配。目前，我国税收立法权存在的一个较严重问题就是对税收立法权的划分缺乏系统、明确的法律规定，行政机关的立法权超过了立法机关，司法机关也有一部分税收立法权。

《宪法》中只是原则性地规定了中央政府和省级政府的立法权限（第58条和第100条），但并没有明确规定税权的划分。在《税收征管法》中规定“依据法律的规定执行”（第3条），但目前我国并没有税收基本法，也就没有更明确的法律规定依据。因此，可以说到目前为止，我国在税权划分上还没有全面而明晰的法律规定。

对于房地产税收而言，更应该通过法律将其明确为地方税种，更应该由地方人大（至少是省级人大）掌握并行使较多的税收立法权。更为突出的是，各单行法律、法规在立法权限划分上缺少统一的指导思想，基本上各自为政，导致行政部门有的规定之间相互矛盾,彼此冲突。如1993年底,国务院分别发布了《关于实行分税制财政管理体制的决定》《批转国家税务总局<工商税制改革实施方案>的通知》,前者由国务院于1993年12月15日发布,规定“中央税、共享税以及地方税的立法权都要集中在中央”,后者由国务院在1993年12月25日发布,却规定“中央税和全国统一实行的地方税的立法权集中在中央”。前者是将所有共享税和地方税的立法权明确地集中于中央,后者是只将在全国统一实行的地方税立法权集中在中央,其他的地方税或共享税的立法权可以下放给地方。

时至今日,我国法律对各立法主体的税收立法权限仍未予以明确界定,税收立法权在不同机关、不同层级之间划分的标准仍是模糊不清。《立法法》《税收征管法》虽试图解决税收立法权的划分和归属问题,并在法条中做了具体规定,但是,如何理解两部法律各自的规定以及如何将两部法律规定的内容有机衔接起来都存在诸多歧义,国家立法机关也未能给出明确的解释。

司法机关享有税收立法权的依据和范围迄今也未有明确的法律界定。我国是大陆法系国家,不承认司法判例对其他案件的法律效力,不实行法官造法制度,司法机关并不享有独立的立法权。但最高人民法院可以按照法定程序和权限行使司法解释权,从而在一定程度上起到立法的效果。通过司法解释进行立法的权利,在我国税收立法权上也有所体现。

我国税收立法权存在的另一个问题是法律规定与实际执行存在偏差。一方面法律规定国务院必须在全国人大及其常委会授权下才能制定税法,但另一方面却是国务院在未经人大授权的情况下,自行颁布一些税收暂行条例。国务院财税主管部门除根据国务院税收行政法规的授权制定实施细则外,还出台了大量的"通知""批复""办法"等具有立法性质的行政文件。另外,税收立法权在纵向的划分和实施上也存在问题。一方面,在法律规定上,税收立法权高度集中在中央,另一方面在税收实践中,地方则拥有较大的调整、修改税法的权力,导致实际上税收立法权在较大程度上又为地方所拥有。这种法律应然与实然的矛盾,不仅是税收立法领域,而且是我国中央与地方在其他权力关系上的一种共性。①

按照我国有关法律规定,税收立法权基本上一直集中在中央。然而在当今民主化和市场化浪潮影响下,税权过多、过分集中,不仅与当前整个立法体制不符,也与社会发展潮流不合,如不利于调动地方政府的积极性,更不利于完善地方税收体系,不符合分税制体制改革的最终目标与要求;同时,也不利于地方政府利用税收手段实施对区域经济协调发展的调控,不利于政府因地制宜挖掘和掌握地方性零散税源以充实财政收入,特别是当征纳双方矛盾激化,地方政府往往从利弊得失衡量,必然会制定出与国家税收法律相悖的规定,诱发越权行政行为,最终破坏整个税制的统一。② 所以,我国现在有必要在统一税法、集中税权的同时,适当赋予地方政府以自治权利,掌握一定的税种征停、税率调整、税负减免等立法权。否则,将不利于地方财政预算与税收的结合,影响地方政府的税收积极性。

1994 年税制改革后,中央、地方实行了分税制,地方拥有

① 许善达,等. 中国税权研究. 北京:中国税务出版社,2003:37－45.

② 杨文利. 中国税权划分问题研究. 北京:中国税务出版社,2001:67.

了个别税种的开征权和部分税收要素的调整权,但税收立法权集中在中央的格局总体上并未改变。我国现在的税收立法权基本上完全集中在中央,地方税权短缺。税政统一、税权集中仍然是中国税收立法权在纵向划分上的指导思想,这种思想在国务院分税制改革方案及《立法法》《税收征管法》中均有体现。由此带来的后果是我国房地产税种多为地方税种,收入也是地方财政收入的一部分,但由于房地产税收的立法权高度集中于中央,税种的设置、税率的设计等过于统一,缺少因地制宜的灵活性,地方政府缺乏必要的税收自主权,导致地方政府被动征管,积极性不高,反而制约了房地产税制的正常发展。

另外,税法立法层次低,权威性差,过度依赖于行政解释是我国目前税收立法权的另一显著问题。我国现行开征的12个与房地产有关税种中,绝大多数的法律名称都还只是《××税暂行条例》,法律渊源都只属于由国家行政机关——国务院制订的行政法规,而不是由全国人大或其常委会制定的法律。立法层次较低有损于国家税法的权威性和严肃性。城市房地产税还是50年代开征的税种,其暂行条例已被几度废立或变更,至今仍处在暂行状态。

除此之外,对税收基本法规条款的修改也缺乏严肃的法律规范,大多数内容都采用由行政主管部门下发文件的方式,程序的严格性和公正性难以保证。例如,《土地增值税暂行条例》第2条规定:转让国有土地使用权、地上的建筑物及其附着物并取得收入的单位和个人,为土地增值税的纳税义务人,应当依照本条例缴纳土地增值税。第7条规定:土地增值税实行四级超额累进税率。该条例由国务院在1993年12月13

日发布,自1994年1月1日起在全国施行。但1995年1月27日,财政部发布《关于对1994年1月1日前签订开发及转让合同的房地产征免土地增值税的通知》(财法字〔1995〕7号),规定:1994年1月1日以前已签订的房地产转让合同,不论其房地产在何时转让,均免征土地增值税。1994年1月1日以前已签订房地产开发合同或已立项,并已按规定投入资金进行开发,其在1994年1月1日以后5年内首次转让房地产的,免征土地增值税。该《通知》显然对《暂行条例》作了限制性解释,使一部分本应依法征税的房地产被排斥在征税范围之外。

1999年12月24日,财政部和国家税务总局又发出《关于土地增值税优惠政策延期的通知》(财税〔1999〕293号),规定"为配合国家的宏观调控政策,启动投资和消费,促进房地产业发展",将上述土地增值税优惠政策在1998年底到期后,延长至2000年底。其他还有印花税、企业所得税等也都有类似经修改后税率被减免或部分减免、征税范围被缩小的情况。这种法规的多变性削弱了企业和民众等纳税人对政策前景的预测性,使得企业在经营中对国家法律和政策无所适从。在我国加入世界贸易组织(WTO)后,此类法律渊源低、内容不够稳定及透明的税收立法与WTO下的透明性原则已严重不符,不利于吸引外商投资,应亟待改变。

二、实体方面

上述我国税收立法方面存在的问题,不仅是房地产税收也是目前整个税收法制的通病。除此之外,我国房地产税收在实体法方面也存在自身的不足。

（一）税种设置不合理，重流转、轻保有

从我国目前的实际情况来看，绝大多数房地产的税收都集中在房地产的建设增量上，即在房产和地产的流通交易环节（其中实际税负较高的是契税、营业税、土地增值税和所得税），而房地产保有期间的税收却非常少（只有城镇土地使用税、房产税、城市房地产税 3 种），而且还有很大的免税范围。这种重流转、轻保有的税制极易造成以下不良后果：

第一，虽然在房地产流通环节税收征收的比例很高，但是因为税基过窄，税源不广，所以税费总量并不大。

第二，税收（另加不少行政性收费）主要在房地产流通和取得环节向新购房屋者征取，但税费使用往往惠及全体居民，只保有的业主可以坐享其成，导致利益的享受和成本的付出不对等。

第三，房地产流转环节的高税负可以被卖家加入房价中转嫁给买家，房地产价格必然由此而被抬高。当房地产价格偏离实际成本，超出居民承受能力太远时，就会形成房地产市场泡沫，导致大量商品房积压和空置，酝酿房地产市场危机。

第四，房地产保有环节税收种类过少，不利于控制房价，反而容易姑息存地捂房，待价而沽。

第五，土地交易和流通市场税负过高，不仅抑制土地的正常交易，助长民间私下交易，房产隐性流动之风的蔓延，还直接阻碍了划拨存量土地进入市场的进程，使得土地作为资产的要素作用无法得到发挥，土地闲置与浪费现象日趋严重。

据统计，2004 年一季度全国 35 个大中城市房地产价格同

比上升7.7%。2004年以来，虽然中央采取各种调控措施，但房价依然一路走高，并且到2007年底仍不见逆转。据国家发改委、国家统计局调查数据显示，"2007年9月，全国70个大中城市房屋销售价格同比上涨8.9%，涨幅比上月高0.7个百分点"①。房价持续升高的原因之一就是土地和房产保有环节的税负成本太低，开发商和有房欲售者在房价一路看涨的刺激下，都无忧无虑地占有保存手头的房地产，甚至于囤积土地，捂房惜售，以求观望市场。

但是，房地产市场不可能一直红火下去，而是具有涨跌相间的周期性。当产业需求旺盛时，房地产价格就会上涨，市场趋向繁荣。当价格上涨到极限，出现涨滞，销售发生阻碍，市场繁荣就盛极而衰。当价格回落到一定程度，市场购买力回升，又进入新一轮的市场复苏和繁荣。根据国际和我国的实际，一般而言房地产周期为7～10年，如日本约为10年一周期，我国为6～8年，台湾地区为7年。② 目前国家在房地产流转和保有环节的不合理税收配置，在一定程度上姑息和放任了房地产市场价格的抬升。失去理性的房地产价格必然加重居民生活负担，降低群众生活品质，加剧社会不公，甚至影响到社会稳定与和谐，成为危及国家长治久安的严重问题。所以，在尊重市场规律的前提下，考虑如何合法合理地使用国家税收和其他手段，有效调控房地产市场，稳定房价，是对政府行政管理能力的艰巨考验。

---

① 9月份70个城市房价同比上涨8.9%.杭州日报，2007-10-30-(17).

② 叶剑平.房地产估价.北京：中国人民大学出版社，2002：46.

（二）税基狭窄，税源不广，税款流失大

目前，我国房地产税法普遍规定了大量减免税项目（如政府机关、军队、农村等），导致我国房地产税收虽然税种不少，但是税基狭窄，税源不广，税款流失严重。所谓税收流失，即是指由于税收执行不够严格或者由于纳税人刻意避税而导致的税款征收不到位，也指由于“税制中存在严重的欠缺，有的税种应该开征而没有开征，使得部分税源未能开发出来。”①前者是显性的税收流失，后者是隐性的税收流失。在现行房地产税法体系中，多个税种普遍存在此类现象。

（1）土地增值税。土地增值税的征税范围限定在转让国有土地使用权及其附着物（房产）所有权所取得的增值收益上。众多仅转移房地产占有或使用权，或者仅在房地产上设立担保物权的抵押行为的收益，却因没有“转让”国有土地使用权的行为，而依法免征土地增值税。比如房地产的出租行为、将房地产折价入股行为、提供土地使用权作为资本合资或合作开发经营行为、以房地产进行抵押交易行为等，对由此所产生的增值收益不予征收土地增值税。这种立法缺位既导致税源的极大流失，也有违税负公平原则。另外，依照《中华人民共和国土地增值税暂行条例》的规定，集体所有的土地（包括地上建筑物及其附着物）也不属于土地增值税的征税范围。

（2）城镇土地使用税。城镇土地使用税的征税范围仅限于城市、县城、建制镇、工矿区范围内的土地，大量的位于农村的非农业建设用地，如居民宅基地和乡镇企业、个体企业用地

① 贾绍华．中国税收流失问题研究．北京：中国财经出版社，2002：9．

等却没有纳入征税范围，税负明显不公。这不仅不利于纳税人之间的公平竞争，还为纳税人避税提供了可乘之机，削弱了该税的财政作用。此外，征税范围的狭窄也给农村居民非法占用土地和农村乡镇企业、个体企业乱占滥用土地埋下了诱因。

(3) 耕地占用税。耕地占用税只对占用种植农作物的土地（包括鱼塘、园地、菜地及其他农业用地）建房或者从事其他非农业建设的土地征税，征税范围过于狭窄，且漏征现象十分严重，难以达到合理利用土地资源、加强土地管理和保护农用耕地的立法目的。

(4) 房产税。近 20 年来，随着我国社会经济的快速发展，城市化和小城镇化建设迅速推进，原有的房产税制已愈来愈不符合城市发展的要求，特别是在国家东部沿海经济发达地区，城乡差距正在缩小，现有房产税的弊端也日益显现。按照规定，房产税的征收范围只包括城市、县城、建制镇和工矿区。如此规定，是因为这些地区经济发达，纳税能力较强，所以不包括农村。但随着城市面积的扩大，过去的农村现已变为城镇，从而使新开发的房地产具有了商业经营性质。特别是近年来农村工业和副业有了较大发展，并具有相当实力，城市化进程加速，有些地区的经济发展已经与城镇相差无几，甚至完全融入了现代都市。因此，有必要也有可能将房产税的征税范围延伸到农村。

（三）计税依据不合理，市场适应性差

当前我国部分房地产税收的计税依据设计不够合理，尤其过分注重房地产的固定计量单位（如在取得所有权时的原

值或者房地产空间面积的大小),没有注意到房地产价值随时间的变化关系,没有注重房地产的实际市场价值,不能真正适应市场的变化。房地产作为一种不可再生、不可移动的生活生产必需品,其价值在正常情况下随着时间推移而升值。因此房地产作为征税对象也应当具有特殊性,即计税依据不能僵化于取得房地产所有权时的原值或房地产面积(这些都是固定不变的定量),而应当改为在征收房地产税时的市场价值。定量基础上的税收无法反映房地产在纳税时的实际价值,无法反映土地的级差收益和房地产的时间价值,有违税收公平原则,既不利于国家增加财政收入,也不利于发挥税收对房地产业的调节作用。

(1) 房产税。现行房产税计税依据的僵化直接影响了地方财政收入。根据《房产税暂行条例》规定,房产税实行从价计征和从租计征两种计税依据,分别是房产原值基础上的余值或租金收入。凡出租房产的房产税必须以租金收入为计税依据,实行从租计征。这种同一税收,有两种不同计税依据的方法,对于房产出租者来说,除了按租金收入缴纳12%的房产税外,还要缴纳5%的营业税及附加税,有重复征税、税负偏重之嫌。而对于房产自用,不予出租者来说,只需依照房产原值,再一次减除10%~30%后的余值计算纳税。相对于房产原值而言,税负反而减轻。而且,随着时间推移,扣除比例增加到30%后就不再变化,房产税此后也就一成不变,无法反映房产随着市场发展而带来的升值。但从租计征的房产税,却随着租金的变化而不断变化,而正常情况下应该是不断增加。可以设想一个纳税人拥有两所同样的房产,一所用于自己经营,一所用于出租,自用房产的税收应当是越缴越低(最后固定于某一额度)，而出租房产的税收却可能是越缴越高。如此同人同房不同税，显然有违税收公平原则，也根本无法反映并调节市场。

(2) 城镇土地使用税。现行城镇土地使用税计税依据失当。回顾城镇土地使用税的历史，《城镇土地使用税暂行条例》在1988年开征该税的目的是“为了合理利用城镇土地，调节土地级差收入，提高土地使用效益，加强土地管理”。由于当时生产力不发达，土地的收益差别不明显，因此，当时《暂行条例》规定“土地使用税以纳税人实际占有的土地面积为计税依据”，实行定量征收。但是随着社会经济的发展，土地资源的日益稀缺，土地收益的差别日益明显，土地资源的市场价值迅速增加。此时，如果仍然按照固定不变的土地面积征收与多年前同样额度的税收，必然造成税款流失，市场调节作用失灵(即时调整税率的方法也效果有限且不符合税法稳定原则)。为了公平税负及抑制对土地资源的过度垄断，大多数国家的土地税都按土地价值课征地价税。但我国现行城镇土地使用税的计税依据仍然为土地面积，不仅使土地使用税收入缺乏弹性，也无法反映市场变化，违背了税收的量能负担原则。

(3) 土地增值税。我国现行土地增值税的计税依据过窄。将土地的自然升值收归公有是开征土地增值税的理论依据之一。土地的自然升值是指由于土地资源的稀缺性和经济发展对土地的日益需要而导致的非因土地所有者投资改良而造成的土地自然升值。土地的自然升值包括两类:一类是出售时(即流转环节)土地的自然升值，另一类是保有时土地的自然升值。在开征和曾开征土地增值税的国家中(如德国、英国、日本、意大利等),对土地的两类自然升值均予课税。而我国仅就转让出售土地的增值课税,无论土地保有多长时间,只要使用权不发生转让就无需纳税。这使得出售土地与保有土地之间存在明显税负差异。这种差异只会强化纳税人保有土地的偏好,或寻求在保有状态下的经济收益(如租赁经营),不会促进土地的流转,必然影响稀缺的土地资源的合理利用。

(4) 耕地占用税。我国的耕地占用税按纳税人实际占用的耕地面积以定额税率一次性征收,单位税额的高低按照耕地所在地区人均耕地面积的多寡确定,最低 1 元/平方米,最高 10 元/平方米,经济特区、经济技术开发区、人均耕地特别少的地区,征税定额最高可上浮 50%。这种课税方法所带来的弊端与土地使用税相似。首先,与不断升高的耕地地价相比,耕地占用税的税额微不足道,对耕地资源的过度占用抑制不大。其次,按土地面积从量计征割裂了不断增加的耕地价值与税额之间的联系,使得税收收入缺乏弹性,无法反映因时间差异而造成的土地真实市值。再次,大城市近郊等耕地资源特别稀缺的地区,也是耕地价值上涨幅度最大的地区。耕地占用税实行定额税率,只按耕地面积征收,与价值上涨无关,就无法反映这种土地价值变动。

(四) 部分税种税率不合理,或高或低

我国现行的房地产税重流转、轻保有,必然造成房地产市场的压房不售,囤积居奇,转移税负,抬高房价等诸多弊病。房地产流转环节的税收相对集中,加之原本税率就比较高,高税率和多税种相结合必然加重了纳税人的税收负担,转嫁税负、抬高房价就在所难免。如对土地使用权的转让,既要依转

让收入缴纳营业税，又要按转让的增值额缴纳土地增值税、企业或个人所得税，再加上城市维护建设税、教育费附加等项，还有3%～5%的契税，其平均税负高达40%左右。而对保有土地者只征收城镇土地使用税一项税收，另加以房产为征税对象的房产税或城市房地产税。城镇土地使用税的税率又偏低，税收调控意义不大。对于私有住宅，自用不征税，出租课重税。非住宅房产，自用只征房产税，出租便要征房产税、营业税及其附加、所得税、土地增值税等，税负成倍增加。

（1）土地增值税。我国现行土地增值税实行30%、40%、50%和60%四级超率累进税率，这一税率显然太高。意大利的不动产增值税、日本和德国曾征收的土地增值税最高税率均为30%左右。我国的土地增值税税率远高于其他国家和地区。土地增值税过高的名义税率提高了纳税人缴税的机会成本，导致其逃税偷税，迫使征税机关加强征管，无形之中又增加了税收的征管成本，降低了征管效率。此外，较高的税负对房地产投机行为虽然有一定的抑制作用，但过高的税负也会对正常的房地产流转造成抑制或损害，不利于房地产市场的健康发展。

（2）契税。现行的《中华人民共和国契税暂行条例》将契税确定为偏高的3%～5%的幅度比例税率，该税率名义上比1997年以前适用的相当于房地产开发企业的全部利润率的6%的契税税率低。另外，税法还规定对城镇职工第一次购买公有住房等免征契税，以鼓励居民购房，拉动房地产业的发展。虽然如此，由于增加了土地出让环节（地租大约占全部建房成本30%～40%）的契税，这些增加的税负最终还是要转嫁到购房者身上，使得契税实际税负不但没有降低，反而有所增加,并且超过了房地产开发企业的利润水平。

(3) 城镇土地使用税和耕地占用税。现行城镇土地使用税和耕地占用税的税率偏低。与按土地面积课税相适应,我国现行城镇土地使用税和耕地占用税的税率都是定额税率。城镇土地使用税主要按照城市的大小将适用税额分为四档:大城市的年税额为每平方米0.5元~10元,中等城市为每平方米0.4元~8元,小城市为每平方米0.3元~6元,县城、建制镇、工矿区为每平方米0.2元~4元。耕地占用税的税额以县为单位,也分为四档:人均耕地在1亩以下(含1亩)的地区,每平方米为2元~10元;人均耕地在1亩至2亩(含2亩)的地区,每平方米为1.6元~8元;人均耕地在2亩~3亩(含3亩)的地区,每平方米为1.3元~6.5元;人均耕地在3亩以上的地区,每平方米为1元~5元。农村居民占用耕地新建住宅,按上述规定税额减半征收。

这两个税种税率设置的缺陷在于:

第一,定额税率没有弹性,使适用税额与使用土地所获得的收益之间缺乏联系,市场适应性差。

第二,除了定额税率使得税收收入无法随土地的升值而相应提高,无法反映市场的变化和级差收益外,城镇土地使用税和耕地占用税的税率都偏低,税额与使用土地所获得的收益相比微不足道,难以起到合理用地和保护耕地的作用。现在许多大城市的土地价格已经达到每平方米1 100元以上,而城镇土地使用税额仅为每平方米不到10元(实际征收中最高标准只有7元),很难起到打击投机、抑制房价的作用。另据统计,全国平均每平方米因占用耕地而征收的耕地占用税仅为4元左右,尚不到建设投资额的1%,对耕地闲置的制约作用极其微弱。[①] 城镇土地使用税和耕地占用税在以后如被取消则已，如长期保留，则必须修改计税依据，调高税率，真正发挥其作用。

（五）重复征税严重

目前，我国房地产税收领域理论性质不够明晰，以至于单行法律或缺失或重叠，总体法律体系比较混乱。这种现象尤其表现为土地出让时国家收取的土地出让金、房地产流转和保有环节所征纳的税收、房地产领域的多项行政性收费，即房地产的租、税、费三者关系上混淆不清。

租、税、费，以及与其相关或近似的赋、捐、役，分别是六种形态类似、性质有异的经济现象，也是属性不同的六种法律事实。本书依据法学中契约和权利义务的原理，分别辨析租、税、费、赋、捐、役的法律属性。[②]

（1）税、役。税是政府依据法律规定，凭借国家机器，向社会民众或组织强制征收无直接补偿的物的法律事实。税收是法律调整的一种行政现象。国家机关的收税是行政执法行为。社会民众或组织作为纳税义务人的纳税是承担行政义务行为。在税收法律关系中，一方主体（国家）不以向对方主体（纳税义务人）提供任何物或行为的服务为条件，也不以事先

① 安体富，王海勇，等. 当前中国税制改革研究. 北京：中国税务出版社，2006：243－244.

② 我国最早系统研究土地租税费的关系与体系的专著是《中国土地租税费体系研究》（刘维新主编，1994）。本书从法学的视角，特别是以民法的原理分析租税费体系。关于用私法原理研究公法性质，另可参见：（日）金子宏. 战宪斌，郑林根，译. 日本税法. 北京：法律出版社，2004.

占有对方的物为条件，它只是依法无偿地取得对方部分物的所有权。另一方主体（纳税义务人）不以事先占有或使用对方的物或享受对方的服务为条件，它只是依法无偿地向对方（国家）缴纳物，向对方让渡这部分物的所有权。如果纳税义务人不是无偿地向对方（国家）缴纳物，让渡物的所有权，而是无偿地向对方（国家）提供服务行为（如戍边），让渡行为的产物（如服劳役），这种法律事实则称为役。役是政府依据法律规定，凭借国家机器，向社会民众或组织强制征收无直接补偿的劳力的法律事实。因此，税或役有共同的法律属性，都是政府依据法律规定，凭借国家机器，向社会民众或组织进行的强制的无直接补偿的征收。

（2）租。租是物的所有权人向对方当事人有偿让渡物的占有权和使用权，对方当事人在享有对物的占有权和使用权后向该物的所有权人支付补偿占有和使用物的对应金额的法律事实，也称为租赁。如果租赁法律关系的主体双方都是社会民众或组织，则该租赁属于民事法律事实；如果其中一方或双方主体是国家，则该租赁属于行政法律事实。

（3）费。费是物的所有权人或行为人向对方有偿让渡物的所有权，或有偿提供服务行为，对方当事人对领受物的所有权或行为结果而向出让方支付对应金额的补偿的法律事实。产生费的所有权让渡或提供服务即为买卖行为。行政性收费，相当于民事法律关系中的买卖。费是买卖合同中的金额，收费是双务合同行为。政府收费后必须给予缴费人以约定的补偿。

（4）捐。捐是物的所有权人或行为人志愿向对方无偿让渡物的所有权，对方当事人在领受物的所有权后无须作出补偿的法律事实。捐通常是出于慈善或道义的原因，是出于捐献人的主观意愿，是单务合同的产物。捐与税的本质区别在于捐不是捐献人的法定义务，是否行使该行为取决于捐献人的主观意愿。税是纳税人的法定义务，不以纳税人主观意愿为前提，具有合法无因性。

（5）赋。赋作为一种国家征收现象，其法律属性在中国历史上，以康熙五十一年（1712 年）的摊丁入亩为界，有前后两期变化。在此前，赋主要指口赋，即人头税，这是一项税收（也有将赋和田税相联系的称谓，称作田赋）。其征收方式通常表现为民众服劳役或以钱代役。在此后，因为朝廷已经宣布今后“盛世滋生人丁，永不加赋”，从此作为人头税性质的口赋不复存在。赋转而专门使用到田地租税中，作为民众交纳税收的名词，固定用作田赋。田赋存在的法律理由是“普天之下，莫非王土”，民众耕种帝王和国家的田地，当然应向帝王和国家缴纳皇粮国税。其实，田赋是民众租种国家田地而向官府缴纳财富的对价。依据现代法律原理分析，田赋的法律属性并不是一种“税”，而是一种“租”，是民众占有、使用和收益国家拥有所有权的土地而向国家缴纳的地租。所以，赋在康熙摊丁入亩前，属于一种税或役。在摊丁入亩后，则转变为一种租。

由此可见，以权利出让方是否占有和使用权利受让方的物，或是否享受权利受让方提供的补偿为标准，可将税、租、费、捐、赋、役等六大现象区分为两类。一类是税、捐、役，它们都是权利出让方（纳税义务人、捐献人、服役人）并不占有和使用权利受让方（国家政府或受捐人）的物或享受其服务，而无偿的缴纳或捐献，让渡自身权利于对方。另一类是租、费，它们都是权利出让方(承租人、缴费人)占有和使用权利受让方(国家政府或出租人)的物或享受服务,而有偿的缴纳。我国是社会主义公有制,一切土地所有权都属于国家和集体,所以我国所实行的一切土地税实际上都是以纳税义务人事先占有和使用对方所有权人(国家)的土地为前提,都是对占有和使用国家土地的补偿,其法律属性都不应属于"税",而应属于"租"。房地产开发公司在土地出让环节,从国家取得土地使用权时缴纳的土地出让金,也属于因占有和使用国有土地而产生的租金。我国的各类房产税都属于国家税收。我国的各类土地税和土地出让金都属于国家地租。

根据以上对税、租、费、捐、赋、役各自法律属性的分析,可见目前在房地产税收的法律规定和实务操作中,对各类征收(主要是税、租、费)的性质尚未能加以明确区分。因此,使得以税代租、以费代税、以税代费、以费挤税等混乱现象屡见不鲜。如城镇土地使用税、耕地占用税、土地增值税等土地税,都是实质上的国家地租,都是以税代租。又如《城市土地管理法》第25条规定的土地闲置费,不能简单地理解为行政性收费,其本质仍是国家地租中的一种。又如城市维护建设税实际上是向享受城市建设设施利益,从事生产经营的企业、个人征收的一种费。大量的不规范的行政事业性收费,都反映了以费挤税或以费挤租现象。

除了租、税、费三者之间的关系混乱外,在我国税收体系中还大量存在着既收租,又收税,又收费,就一种行为收了税,又重复征税等租税费之间、税与税之间的交叉重叠现象。目前,这种重复征税或重复征租征费必然加重房地产的成本(尤其是开发和流转的成本过高),抬高房价,影响房地产市场的正常秩序。就租与税、与费的重复而言,凡是房地产开发商在从国家方面取得土地使用权时,都要向国家一次性交纳土地出让金,这实际是一笔向国家交纳的地租。然而在此之后,开发商和业主在转让房产时还须缴纳土地增值税、城镇土地使用税。这两种土地税本质上也是交给国家的地租,这就导致实际上又在重复缴纳土地出让金。除此之外,开发商还要再缴纳施政建设配套费、单向配套设施建设费等多种收费。就税与费的重复征收而言,多数都与房地产税收相重复。但因为各地所征收的房地产费用名目繁多,此处难以一一列举。特别是许多地方对某些本应属于政府通过预算资金解决的公共管理也通过额外收费来解决,极易造成同一公共服务重复征收税费的情况。例如,全国各地普遍征收的征地管理费、城市基础设施增容费等,主要是政府部门对征地活动实施管理和进行城市基础设施建设的费用,但这些公共服务或公共设施涉及的成本费用,纳税人已经通过税收向政府支付了,政府理应无偿地向纳税人提供服务。如果政府再通过收费的形式提供,等于政府向同一公共产品收取两次费用,显然是不合理的。就费与费之间的重复征收而言,因为多为地方政府自身的行为,缺乏统一的法律控制且名目众多,其中大量的重复征收更是难以避免。这些收费往往既无合法的程序,又无合法的内容,绝大多数都属于乱收费。它们在增加房地产购买或拥有者负担的同时,却不能增加用于提供社会福利的公共财源,对政府经济的正常发展造成较大的危害。而且,这些税外收费不能完全纳入地方预算监控之下(即按收支两条线管理),不少按规定必须专款专用的收入被挪用,甚至被作为改善本单位职工福利的资金来源,严重侵蚀了公共财源。可以说，收费管理的缺失已经成为地方财源流失的重要原因。

除了租与税、税与费、费与费之间的重复征收外，税收体系内部因税种设置不合理而导致的税与税之间的重复征收现象也明显存在，成为房地产税收体系改革不可或缺的任务。这些重复征收主要表现在：第一，对土地课税设置耕地占用税和城镇土地使用税两个税种。第二，对房屋租金收入既征收12%的房产税，又征收5%的营业税。第三，对房地产转让既要按转让的收入征收5%的营业税，又要按转让的增值额依规定税率征收土地增值税，还要增收一定的个人所得税和企业所得税。第四，对房地产产权转让签订的产权转移书据或契约，承受方既要缴纳印花税，又要缴纳契税。契税和印花税在房地产领域就是同一税种。① 两税同征，实际上是一税两征。第五，房产税与城镇土地使用税重复征收。1990年以后我国全面推行土地的有偿使用，此后建造的大量房产其价值中都已包含了所占用土地的价值。这部分房产一方面要就包括土地价值在内的房产原值缴纳房产税，另一方面还要再缴纳城镇土地使用税，很显然其承担的税负较土地有偿使用前建造的房产所承担的税负高，存在重复课税。第六，土地增值税与企业所得税重复征收。土地增值税的计税依据为纳税人在房地产转让中所获得的增值额，此增值额其实质具有利润的性质。而房地产转让的利润在缴纳土地增值税后还要再被课征33%或其他税率的企业所得税，政府就房地产转让利润这一计税依据同时课征了土地增值税和企业所得税，是为重复征税。

① 姜朋. 契税二题——以新建商品住宅买卖为中心//刘剑文. 财税法论丛：第8卷. 北京：法律出版社，2006：148－158.

（六）两套税制，内外不同，城乡有别

目前，我国对生产经营用的应税房产，在内外资企业间、城市和乡村间都有法定的不同。这种内外不同、城乡有别的税收法制，既不公平，不利于民众现代税收意识的形成，也不严密，容易造成政策和法制上的漏洞，客观上为避税以及偷漏税行为提供方便之门。

1. 内外资企业适用房产税法的区别

目前，我国在房产税方面实行内外两套税制，直接形成了税负失衡格局，有违我国加入 WTO 后，寻求内外资企业公平待遇的基本思路。在第十届全国人大第五次会议于 2007 年 3 月通过《中华人民共和国企业所得税法》后，我国至少是在法律层面实现了内外资企业所得税的统一，也克服了房地产税收领域长期存在的内外不公现象。除此之外，目前这种内外有别的两套税制在房地产税收上还体现在以下三点：

（1）房产税与城市房地产税。根据规定，内资纳税人（自然人与法人）按照 1986 年国务院颁布的《中华人民共和国房产税暂行条例》缴纳税收。涉外企业和外籍人员则是按照 1951 年制定的《城市房地产税暂行条例》缴纳税收，其税率依据房产的计税价值或房产的租金收入分别确定。即使是同一税种，房产税在从价、从租方面，内外资纳税人的税负也有区别。

（2）城市维护建设税和教育费附加。现行房地产税法对内资房地产企业开征城建税和教育费附加，而对外资房地产企业则不征收此项税收。

（3）耕地占用税。对内资企业占用耕地征收耕地占用税，

而对外资企业却不征收。

内、外资企业分别适用不同的房地产税收制度，不仅使内资企业的房地产税负相对较重，有违税法的公平性原则，不利于内外资企业的平等竞争，而且还容易给外资企业利用两种政策的差异偷逃税款造成可乘之机。高继峰先生曾撰文指出当前外商投资企业偷逃房地产税的六种主要手段，分别是利用征税的城乡地理位置差异逃避纳税、利用关联的内资企业停产的方式来为合资企业逃税、利用租赁房产形式逃税、利用无偿使用房产逃避房产税、利用租金往来挂账逃税、利用少计房产价值逃税①。另外，一些外资企业还采取将房产修缮、扩建支出计入费用处理，不增加房产原值的方法逃税。在中国加入 WTO 和内外资企业所得税法统一的大形势下，我国合并内外有别的两套不同房地产税制是必然趋势。

2. 城乡之间适用房地产税法的差异

随着农村经济的不断发展以及小城镇建设步伐的加快，我国东部沿海地带的农村已经出现大量营业、出租用房。中西部地区近郊农村的城市化步伐也在加快。但我国现行房产税和城市房地产税仍然只对城市、县城、建制镇和工矿区的房产征收，对这部分名义上属于农村的房产执行另外一套税制，不征收或不严格依法征收房地产税。这样既导致了城镇和农村房地产税方面两套不同的制度，造成对城镇居民的税负不公，又造成了农村房地产税款合法的流失。

---

① 高继峰. 外资企业偷逃城市房地产税的方式及对策. 涉外税务，2004(10)：59-60.

（七）税种不全，规范性房地产税种不足

我国房地产税收体系中目前虽然总的税种偏多（12种），税负偏高，但有些对房地产税收体系有支柱意义的中心税种（如物业税），以及有些与国家其他重要税种（如所得税）有配套意义的税种却又没有设立，呈现出该少不少、该多不多的矛盾局面。

（八）未成为地方主体税种，占地方财政偏低

房地产税因为其区域性、稳定性和持续性而形成鲜明的地方特色。区域性和稳定性决定了房地产税与地方基础设施建设、地方生活条件和投资环境改善、地方税务机构征管和地方政府监督都有密切联系，在分税制体制下，房地产税理所应当地作为地方税种。在西方国家，房地产税普遍归属于地方税系统，而且占地方政府财政收入的比重非常高（美国各州约占地方财政收入的50%～80%），成为地方主体税种。但是我国房地产税收在地方政府收入中的比例一直不高，甚至偏低。1993—2004年，“我国直接针对房地产征收的税收才5 000多亿元，12年间房地产税占我国地方财政收入的比重，最低为3.46%，最高不过10.33%，平均也不到8%”①。近两三年来，随着房地产业的迅猛发展，房地产税收入也在不断增加，全国各地房地产税收占地方财政收入的比重已经普遍达到了30%～40%，但离成为地方政府的主体税种尚有很大距离。

① 安体富，王海勇，等. 当前中国税制改革研究. 北京：中国税务出版社，2006：246.

（九）部分法律法规陈旧，立法滞后于现实

滞后性是大陆法系国家使用成文法难以避免的缺点。正因为滞后性的弊端，及时更新才成为法律生命的养分。相比之下，我国的有些房地产税法则更新太少太慢，呈现出严重的滞后性，难以适应社会形势的发展。如我国的《房产税暂行条例》颁布于 1986 年 9 月 15 日，当时还没有形成完整的“房地产”法律概念。房产仅仅是房产的范畴，而不是房地产的范畴，不包括土地使用权，而且作为房产概念也基本局限于建筑物的概念。但是此后中国的房地产制度和房地产市场发展日新月异，土地使用权制度、房地产制度在《宪法》《房地产管理法》《土地管理法》等各个法律层次中都相继确立，并且付诸实施，而我国的《房产税暂行条例》却至今没有加以修订。

又如，我国企业实行房改已经多年，房改任务已经基本完成，对这些房屋是否征收房产税？企业资产评估后增值部分均列为土地增值，而房产却不增值，那么房产税是否仍按原值计税？如果房产评估值高于或低于房产原值，又如何征收房产税？税收法制至今没有对这些问题从法律的高度予以明确解决。房产税、城镇土地使用税、城市维护建设税等均为新税制改革方案中需要修改的税种，而有些税种的新条例虽已拟定，却至今没有新的措施出台。

再如，中央在 2003 年就已明确提出在适当时机要开征物业税，但至今不见实质性进展。诸如此类的现象都说明了我国房地产税收立法一方面具有不稳定、多变化的行政法共性，另一方面又内容僵化，变革缓慢，不能及时适应时代发展的要求。

三、征管方面

国家税收最终必须通过具体征管措施，才能将本属于社会民众的资产合法地转化为国家财富，所以税收征管是税法执行过程中的关键环节，是国家实现公共财政收入的必经程序，也是税法实践中容易暴露问题和需要着力改进的部分。房地产行业由于持续时间长，经营地区广，资金组成多样，参与人员和阶层广泛等，导致税源相当复杂，增加了税收征管的难度。2002 年 7 月，国家税务总局在下发的《关于认真做好土地增值税征收管理工作的通知》（国税函〔2002〕615 号）中提到：由于房地产开发与转让周期较长，造成土地增值税征管难度大，一些地区对土地增值税征收管理产生畏难情绪，还有一些地区误信土地增值税要停征，而放松了征管工作，造成应收税款的流失。由此可见，土地增值税自 1994 年开征以来的实际效果并不理想，税收征管存在不少问题。

（一）房地产税纳税人偷漏税款的主要手段

目前，房地产领域的偷漏税款现象在全国各地都存在，国家税务总局在近几年的全国税收大检查中，每次都将房地产作为重点对象。从税收征管的角度看，房地产领域的偷漏税现象也暴露出一些共同原因，形成了一些规律。

黄正等曾对 2001 年南昌市房地产税收征管情况做过调查研究，发现之所以容易偷漏房地产税款，原因主要表现在六个方面：第一，滞纳税款严重，尤其是房地产公司在收到房屋预售款后，不及时申报缴纳营业税。第二，房地产开发企业营业额确认上存在漏洞,主要是会计核算不按税法规定将价外费用、还建房、销售并装修、合作建房四方面的价款计算进营业额,乘机偷逃税款。第三,利用房地产开发时间长、费用多的特点,故意混乱企业的成本核算,偷逃所得税等各项税款。第四,我国税法规定有些税实行属人管理(如增值税、所得税),有些税实行属地管理(如营业税),一地区税务管理部门不可能掌握房地产公司在外地的经营情况。房地产企业经常进行跨地区开发,企业驻所地和工程所在地分处两地,依法向两个不同地区税务机关申报缴纳不同税收。此时,企业往往利用两地信息沟通不畅,或者隐瞒收入,或者虚列成本,以此偷逃税款。第五,企业在发生销售或其他经营性收入时,不开发票、以白条顶库等,造成发票管理的混乱而偷逃税款。第六,税务部门对房地产开发企业的监管和惩罚力度不够,为企业偷逃税款打开了方便之门,也进一步助长了偷逃税款的风气。① 此外,利用往来账调剂收入、以商品房坐抵建筑施工劳务、以赠送名义隐匿车库、贮藏间、楼顶花园等项的销售收入等,也是偷漏税款的常用手段,应当引起高度重视。②

(二)房地产税收征管的主要问题

房地产企业在税款申报和缴纳过程中经常采用上述手段偷漏税款,究其原因,既有纳税人受经济利益驱动的故意行为,也有纳税人(甚至包括征税人员)不熟悉税法的过失行为。无论

① 黄正,吴云.浅谈房地产开发企业税收征管中存在的问题及对策.江西财税与会计,2002(10):31-32.

② 樊敏焘,骆晓云,肖宪洪.对房地产行业涉税违法行为的分析与思考.江西财务与会计,2003(3):20-21.

是出于何种主观原因，这些行为如果能被及时发现，还可以补征税款，阻止税款流失。为此，除了要不断提高税务征收和稽查人员的专业素质外，更重要的还在于建设和完善征管制度。建设和完善制度的前提是发现制度存在的问题。结合上述偷漏税原因，综观我国房地产税收征管制度，问题主要集中在两方面：

1. 征管权限不明确，征管效果差

行政机关依据行政法律法规所授予的权限行使职权，是行政行为的基本原则之一。各机关之间既各司其职，又相互配合，追求高效率、高质量，是行政立法的基本目的之一。为了实现这一基本目的，势必要求具备一个前提——以行政立法明确各相关部门的行政职权。如在房地产税收上，国家务必立法明确税务征收机关及相关部门的职权，以便于各机关依法行政。目前，我国在这方面的立法和法律实践工作还有明显不足，亟待完善。

首先，目前我国税法和整个行政法体系中尚缺乏一个位阶较高、能约束各相关部门协税护税行为的统一法律法规，以致各行政部门之间协调乏力，如税务机关与房地产行业主管部门的合作与配合基本处在松散状态。房地产开发项目牵涉面广，从土地使用权的取得，到工程项目的立项、开工，再到商品房的预售、产权登记都要经过政府相关部门的批准和监督。因此，税务机关必然需要依靠相关部门的协助配合，以便掌握房地产企业的税源资料，实现税源控制。但是，目前各相关部门之间的信息共享还未完善，很难形成政府部门的管理合力。如在房地产项目成本构成的主要环节——土地使用权取得上，尽管国务院颁发的土地增值税条例明确要求土地管理部门应向税务部门提供土地权属等与征税有关的各种资料，但在现实工作中并没有得以有效实行。目前,很多税务部门的计税依据只能依靠企业自行提供的《土地出让合同》,如果土地发生再次转让,在未能取得转让合同的情况下,税务部门的计税依据只能依靠评估。如涉及规划、城建、建委等众多部门的项目审批环节,由于缺乏有力的政策支持,税务部门很难从这些部门取得诸如项目属性(是合作建房还是一般开发)、规模、结构、造价、施工单位等系统性资料,直接容易导致房地产开发公司与建筑施工单位相互掩护、偷逃税收。又如在房屋预售及销售环节(关系税款能否及时入库的重要环节),目前虽然房管部门对房地产开发公司的管理已经比较规范,但是由于没有建立有效的信息共享机制,税务部门对房地产企业售房进度的掌握往往滞后。另外,由于车库、贮藏间及楼顶花园等没有纳入房屋产权登记的范围,税务部门对这些财产的收益很难控制。

其次,信息沟通机制不健全,税务机关内部征管脱节,所得税征管尤其乏力。由于房地产企业机构所在地和房地产开发项目所在地往往不在同一辖区,营业税及其附加和土地增值税向项目所在地申报,而企业所得税则向公司所在地申报。因此,项目所在地主管税务机关负责营业税及其附加和土地增值税的征收工作,对于该项目的收益如何进行账务管理,是否并入企业利润总额则不便过问,而公司所在地主管征收机关又难以取得异地项目收入、成本等完整的财务资料,甚至该企业在异地开展的项目数量都无法掌握,导致企业所得税征管缺位。这种因信息沟通机制不健全,导致税务机关内部征管脱节的局面,给企业所得税征收造成了相当障碍,对房地产企业的所得税征管尤其不力。

2. 征管措施不配套,产权登记和房产评估制度不完善

当前,影响我国房地产税征收的一个很大问题就是征管措施不配套,特别是产权登记和房产评估制度不完善,使得税款征收缺乏严格客观、公平公正的计税依据。

(1) 产权登记制度有待完善。产权登记确认环节从理论上讲与开发企业无关,是购房户对其所购房屋申请登记取得合法产权的环节。但实际操作中,新房(即一手房)销售全部是由开发企业统一代为办理产权登记手续,由此产权登记成为房地产开发公司销售房产事实上的最后一道环节。产权登记部门与税务部门的协作对房地产行业的税收征管,尤其是核实房地产开发公司售房收入方面起到决定性作用,尽管目前少数地方建立了双方协作的制度,但文件法律层次较低。比如江西省南昌市地方税务部门和房管部门曾于1995年联合下发了《关于加强我市房地产交易使用发票管理的通知》,规定房地产开发公司经营性房地产交易以及其他单位和个人零星进行房地产交易、转让,应使用专用房地产销售发票。但更多的地方以建设部的《城市房屋权属登记管理办法》中并未要求出具专用的房地产销售发票为由,未建立规范的协作制度。

(2) 房产评估制度存在明显不足。我国的房地产价值评估立法始于1991年,当年国务院颁布了《国有资产评估条例》。后来,国务院又在1994年颁布的《城市房地产管理法》中进一步明确了房地产估价的作用。目前,全国进行房地产估价的从业人员已达数万人,机构也有上千家。但是,我国在房地产的评估方面还处于起步阶段,房产评估制度还有许多不完善之处。这些不足主要表现在两方面:一是法规冲突,缺位统一管理。国

务院曾明确规定,国有资产评估工作由国资管理行政主管部门负责。因此,国土资源部颁布了《城镇土地估价规程》。但是房产部门出台的有关法规则规定,由房产部门负责本部门的资产评估工作,因此,国家建设部颁布了《房地产估价规范》。两部门规章各有优缺点,但在标准或程序规定上存在不少冲突。二是部门干预,评估市场难发展。目前评估机构往往挂靠于有关行政单位,缺乏完全的自主权,影响其独立、客观、公正地开展资产评估工作。另外,某些评估机构“背靠大树好乘凉”,缺乏市场竞争意识,不求自身发展。由于对房产评估的水准不够,直接影响了对税基的核定和税收的征管,最终影响了房地产税法的实际执行效果。

第五章　他山之石
——国外及中国港台地区的房地产税法

房地产税法不仅是当代中国,也是当今世界众多国家和地区所共有的税法。市场经济发达的美、英、法、日等国以及中国的港台地区,经过长期的摸索和实践,都已经形成了一套比较完善的、切合自身特点的房地产管理法制,其中包括房地产税收法制。他山之石,可以攻玉。为了更好更快地推进中国社会主义经济体制下的房地产税法改革,我们有必要借鉴和吸收它们的先进经验。因此,本章有重点地选择介绍特色鲜明,内容有别的美国、英国、法国、日本、中国香港和中国台湾地区房地产税法,概括它们的模式,总结它们的特征,揭示它们的有益启示。

一、美国

美国税收根据美国的政府级别分为联邦政府税、州税、地方政府(包括市、县、镇、学区、专区等)税三层,各级政府分别以税法为基础,开征不同的税种,形成不同的税制模式。美国的中央与地方税收完全分立模式"体现了与美国的联邦制的分权特征相适应的税制特征"①3。

目前,美国联邦政府开征的税种有个人所得税、社会保障税、公司所得税、遗产与赠与税、消费税和关税。州政府开征的税种主要有销售税、个人所得税、公司所得税、消费税、财产税、遗产与赠与税、资源税和社会保障税。地方政府开征的税种主要有财产税、销售税、消费税、个人所得税、公司所得税和社会保障税。在联邦政府税中,以个人所得税和社会保障税最为重要,分别占当年财政总收入的40%以上和30%以上。房地产税收主要属于州和地方政府的财产税,尤其是地方政府,财产税是此级财政的主体税种。可以说,"在美国,财产税实际上就是指地方的财产税"①296。而地方财产税中,又以房地产为主要税源。因此,房地产税就是美国地方政府的主要税种。

(一)房地产税收体系

美国的房地产税主要包括财产税、所得税、房地产收益税、遗产与赠与税等四种。但遗产与赠与税收入在联邦政府收入中的比重一直很小。1999年,联邦政府的遗产与赠与税收入为278亿美元,占当年的联邦政府总收入的1.5%。①246 本书不再单独介绍此税。

1. 财产税

美国的财产税是对纳税义务人所拥有的财产征收的一种

① 财政部《税收制度国际比较》课题组.美国税制.北京:中国财政经济出版社,2000.

从价税。虽然作为征税对象的财产分为动产和不动产，但是不动产税收占财产税的绝大部分，所以美国地方政府的财产税主要就是不动产税。目前，全美50个州下辖的地方政府都开征了财产税，该税收占地方税收总收入的75%左右（州财产税只占州税收总收入的2%左右），其中房地产是主要的税种。财产税的纳税人是美国公民及在美国拥有房地产的外国人。财产税的税率由各地方政府依据支出规模、非财产税收入额、可征税财产的估价等因素自行规定，名义税率一般为3%～10%。实际上，由于市、县、镇等各级地方政府都征收一定比率的财产税，所以纳税人面对的是各级地方政府课征财产税的税率合计数。再加上在房地产评估中，房地产的评估价格低于实际价值，这就造成名义税率与实际税率不一致，实际税率只在1%～4%，其中房屋税的税率只为房价的1.09%。

美国州和地方政府还依据财产所有者的类别、财产的类别和财产的用途等对财产税实行各种优惠政策。如对各级政府（包括外国政府）拥有的非商用财产，宗教、慈善、教育等非盈利组织拥有的财产都可以免税。老人、退伍军人、残疾人和家庭自用住宅都可享受一定范围的减免税。为了减轻低收入家庭的税收负担，全美还有29个州规定了住房抵免。该制度允许纳税人当缴纳的财产税与个人所得税的比率达到一定标准时，可以享受抵免。抵免额可以抵顶个人所得税，或退回现金。

2. 所得税

美国的所得税分为个人所得税和公司所得税两种。美国在1913年正式立法开征个人所得税，目前已和社会保障税一起构成美国联邦政府的两大税种。其中个人所得税在1999年达到8 795亿美元,占联邦政府当年总收入的48%,成为名副其实的第一大税。

美国房地产所得税的纳税义务人是房地产主,采用属人主义和属地主义相结合的原则,纳税人分为三种:美国公民、居民、非居民。美国公民指有美国国籍者,就其在美国国内外的一切房地产经营所得课税;居民是指在美国有固定住所并住满1年以上的外国侨民,也就其在美国境内外的房地产经营所得课税;非居民是指在美国无固定住所,或居住未满1年的外国人,仅就其来自美国境内的房地产经营所得课税。

房地产个人所得税的课税对象主要是:投资入股的房地产股息收入、房地产投资利息收入、房地产经营中已实现的资本利润、佣金、红利等。个人所得税采用5级超额累进税率,税率分别为15%、28%、31%、36%和39.6%。不同身份申报的纳税人适用不同的税率。

美国征收个人所得税的主要目的有两个:第一,是为了增加财政收入,以保证财政开支的需要;第二,是为了实现社会公平及“自动稳定机能”。所谓“自动稳定机能”是指个人所得税对经济的自动调节作用,即在经济上升时期,人们收入增加,所得课税也随之上涨;当经济萧条时期来临时,人们收入减少,所得课税也随之减少,从而在一定程度上促进经济复苏。税收的自动调节作用可以减缓经济的周期波动,稳定经济运行。可是,在当今美国的个人所得税中,工资薪金等劳动所得占的比重很大,而且对其课税弹性空间小,所以降低了个人所得税的自动稳定机能。

美国房地产公司所得税的纳税人主要是有限责任公司,

课税对象主要包括:经营所得、资本利润所得、股息、利息、租金及其他收入等。美国税法规定,凡依据美国各州法律成立并在州政府注册的公司都是美国公司,美国政府就其来源于美国国内外的全部所得课征公司所得税。美国公司所得税适用自15%以上的多级税率,税率结构先是超额累进,至应税所得额超过一定数额以后,税率水平又有所降低。

3. 房地产收益税

在美国,一定时期内所购得的房地产,其增值在一定限额内,并不需要缴纳任何税金。这种"一定限额",视当地政府在不同年份所设的标准而定。房地产收益税实行超额累进税率,具体税率在法定幅度内由当年税法另行调整,而且也分个人收益税和公司收益税。税率幅度分别为:个人收益税如夫妇联合申报为15%~38.5%,如单个人申报则为18%~38.5%;公司房地产收益税率为15%~34%。在美国,不单独征收土地增值税。实际上,上述房地产收益税从某种意义上来说就是房地产增值税,其征税方式是一样的。

(二)房地产税收管理体系

1. 征收体系

美国从中央到地方设三级政府,也分设三级税收征管机关,即联邦税务局、州税务局、地方(市或县)税务局。各级机关依法征收不同税种,并分别归入不同财政用途,是分税制的典型体制。其中,联邦政府征收所得税,州政府征收消费税,市政府主要征收房地产税。房地产税完全作为地方税,成为地方财政的主要来源。以纽约为例,纽约地方税务局将该市拥有的房产分成单体住宅或公寓、公寓大楼、公用事业房屋、商业用房四个税务级别，每个税务级别的房产分别适用不同税率，其中以商业用房的税率最高。美国财政预算实行“量出为入”原则，在每年6月30日会计年度终了前，美国各级议会要进行下一年度财政预算。根据预算再决定各类税收，包括房地产税的总量和标准，由此决定房地产税的税基和税率，具体的计税则交由专门的价值评估机构完成。美国有35个州对不同的房地产一律实行统一的税率，其他各州和哥伦比亚特区根据房地产的不同税务级别分别适用不同的税率。除少数地方法律允许征收机关适当调整税率外，绝大多数地方政府的税务行政机关无权改变议会决定的税基。税收事务在立法和行政系统内权力分立，责任分明，是美国依法治税原则的体现。

2. 评估制度

美国在各地市、县政府设有专门的房地产估价办公室，该办公室每年负责调查全市的房地产市场价格和固定价值，确定房地产的评税价值。评估人员由联邦政府和全国性的美国房地产评估师协会（SREA）共同管理，只有经过协会严格的考试和认证，才能取得评估师资格。评估师也可以以私人身份执行业务，即私人评估师，但私人评估师必须同样取得政府（通常为州一级）的认证和认可。评估的主要内容是过去1年中房屋成交的平均价格，以及房屋出租后的支出和收入情况。通过评估，政府部门得出房地产的评估价，也称评估值或市值，并以此作为计税依据。所谓“市值”，未必是实际的买卖价，它是双方经过一定的考虑时间，在社会上公布1～3个月后,使市民有机会看到并能够买卖的价格,是在没有压力、没有威胁情况下的价格,即公平市价。市值不是公司、个人之间的实际买卖价,也不是拍卖的价值。如果是一方没有足够的知识,另一方对其实施了欺诈而产生的价格,也同样不是市值。因此,市值是一种评估价,目的是为了给房地产交易提供参考和房地产税收提供依据。当事人如不认同评估价格,可以在法定期限内,依照法定程序向本地和州的管理部门申请复议,直至向法院起诉。

在美国,除了对房地产评估有一整套严格的法律制度外,也已经形成了比较成熟的房地产评估方法。美国房地产价格评估的方法也代表了当前全世界的通用模式,主要包括比较法、收益法和成本法三种,再辅以派生出的其他方法,如假设开发法、投资法和路线价法等。

3. 税收强制执行制度

房地产税是美国地方财政的主要收入,全美国 2/3 的有形资产是不动产资产,房地产业产值占美国国民生产总值的 10%～15%。[①] 为此,税务部门必须有权采取强制措施,保证税款的按时按量征收。但是,美国又是一个十分强调法制和程序的国家,政府的每一项行为都必须有法律的授权和依据。就税收领域而言,因为税收是民众对自己的财产所有权的让渡,事关最基本的人权和民权,所以法律程序尤其严格。民众对自身财产所享有的基本人权高于国家征集税收的公权。在

① 王洪卫,等.房地产租费税改革研究.上海:上海财经大学出版社,2005:114.

美国,未经合法授权,任何政府部门和个人都不能对社会开征新的税收,或者采取强制执行措施。这种法律制度背后所贯彻的基本原理是不能因为税收效率而损害税收公平。

至于房地产税收,美国除了对不按期纳税者处以罚款,按法定利率加计利息等处罚外,州级税法还另外特别规定了欠税收购和欠税没收两种强制执行措施。

(1) 欠税没收。美国大多数州都规定了政府对涉税财产的留置权。根据税收留置权规定,如果纳税人延迟缴纳一般财产税达 3 年者,政府有权将其财产留置,直到将该财产出售。例如,纽约规定如欠市政府房产税达到 2 750 美元满 3 年,必须收回房屋。房产没收后,其产权属于市政府,因其不交税而使政府的税收受到影响,而且每年要增加管理费。所以,美国政府就相应制定了欠税收购的补充制度。

(2) 欠税收购。为了避免欠税房地产在被没收后仍然给国家造成的实际欠税,美国法律规定在法院主持下,企业可以直接出资收购已经被决定没收的欠税房地产。企业收购这些欠税房地产以后,由企业向政府支付欠税,还可以建立信托基金,发行债券上市交易,以此避免政府的税收损失。

二、英国

英国是世界上税收法定、依法治税等现代税收思想和制度的发源国。英国现行的主要税种包括个人所得税、公司所得税、国民保险税、增值税、石油收益税、印花税、资本利得税、国内消费税、遗产税和赠与税、住房财产税和营业房屋税等。

从总体看,英国与房地产有关的税收可以分为三类:第一，住房财产税，属于对房地产的保有环节所征之税。第二，印花税、遗产税和赠与税，属于对房地产权属变动即流通环节所征之税。第三，营业房屋税、资本利得税、增值税、所得税，属于对房地产的增值和收益所征之税。房地产税收是英国税收体系的重要组成部分，每年直接或间接来自房地产的税收收入占英国税收总额的14%左右。在地方税中，有关房地产的税收也是地方政府最重要的财政收入。长期以来，英国逐步形成了多环节征管、作用互补、自成系统的房地产税收制度。

1. 住房财产税

1989年起，英国政府改革地方税制，将房屋税改为营业房屋税和人头税（又称社区税）。人头税对成年人按年定额均摊税款。由于个人收入相差悬殊，加上一些地方政府征收的税额过高，广大低薪居民甚为不满。为此，英国政府决定从1993年8月1日起以住房财产税取代人头税。在1993－1994财政年度中，全国住房财产税预算收入约占地方税总收入的4.6%，占地方财政总收入的3.5%。

住房财产税由地方政府对居民住宅按房产价值课征。纳税人为年满18周岁的住房所有者或住房承租者（含地方政府自有房屋的租客），包括完全保有地产人、住房租借人、法定的房客、领有住房许可证者、居民、住房所有者六类。倘若一处住房为多人所有或多人居住，则这些人为共同纳税人。住房财产税的课税对象为居民住宅（自有和租用的住宅），包括楼房、平房、公寓、分层式居住房间、活动房屋以及可供住宅用的船只等。

征税以住房价值以及住房价值的变化为计税依据。住房价值的估算由国内收入局的房产估价代理处在各地方政府的机构进行。估价的基础是每所住宅1992年4月1日时的资本价值,即基于某些条件假设在当时的市场价格。英国环境部将应税住宅的价值按地区划分为8级,并规定各档次应纳税额的法定比例。在上述8级档次中,每个档次的具体税额为多少,英国环境部不作统一规定,由各地方议会根据地方政府开支情况以及从其他渠道可获得收入的差额状况来确定。由于对住宅估价是为了确定各个住宅的相对价值,故估价以后任何因房产市场价格涨落所引起的房产价格变化,均不影响该住宅估价和级别划分。英国地方政府不打算在近期内对所有住宅进行重新估价,但如房产价值发生重大变化(如房屋扩建或部分拆除等),则有可能对其重新估价和划定等级。对学生住宅、法律禁止居住的住宅、单个成年人居住的住宅、空置房屋或非主要居住地的住宅、没有收入支持或低收入者的住宅、伤残人的住宅,以及在住房财产税取代人头税的过渡时期,应纳税额增加过多的纳税人,可以减征或免征住房财产税。

改革后的住房税有以下特点:第一,强调对享受本社区服务的常住居民征税,与地方税性质吻合。第二,居民占用的住宅价值越高,税负越重,而占用住宅价值低的贫民则税负较轻,解决了人头税负担均摊的不公平问题。第三,中央统一将住宅价格分档与地方确定具体税额相结合,既保证了税收统一,又适应了各地的不同情况。第四,体现了对低收入者、伤残人和未成年人的照顾,为更多居民所接受。

2. 营业房屋税

英国地方政府对非住宅的房产租金征收营业税，而且全额上交中央，再由中央根据各地方补助数额发还。营业房屋税是英国在1990年改革地方税制时，从原财产税中分设的新税种，纳税人为非住宅用房屋的所有人，按营业房屋的租金计税。租金由专门的评估机构对纳税人财产按视同出租的租金收入进行估定，每5年评估一次。营业房屋税实行全国统一税率，由财政部逐年核定，但税率提高幅度不得超过全国平均通货膨胀指数，如1995年的税率为41.6%。营业房产税的减免范围主要包括：工业、运输业空置房产及农用房产全额免税；其他房产空置超过3个月减半课征；慈善机构的房产免征80%。地方政府有权扩大减免税范围，但要承担此项免税额25%的财政收入，这笔收入由中央从对地方税的减免补助中相应扣减。此外，为了从原财产税向营业房屋税顺利过渡，中央政府规定了过渡时期应纳税额上升的最高比例。营业房屋税纳税人根据地方政府寄达的税单纳税，按年缴纳，一年一次。1992－1993财政年度，全国营业房屋税收入占全国税收收入总额的6.6%，占全国财政收入总额的5%。

营业房屋税与改革前原财产税比较，主要区别有两个方面：第一，改革前以1973年市场租价为计税依据，改革后以1988年的市场租价为计税依据，并规定每5年重新评估一次，扩大了税基。第二，改革前各地税率差别很大，改革后统一全国税率。这样，营业房屋税的税基比以前增加了约8倍，而税率平均下调了1/8，总体的税负水平基本持平。

3．遗产税和赠与税

英国对死亡者的遗产及其死亡前7年赠与的财产价值征收遗产税。英国是世界上开征遗产税较早的国家，实行总遗产税制，按死亡者遗留财产和死亡前7年内赠与财产的总额征税，财产可以是土地、房屋等不动产，也可以是现金、股票等动产。计税依据为死亡者有处理权的全部财产在死亡时按公正的市场价格的估价额与死亡前7年内赠与的财产按公正的市场价格的估价额之和。在遗产处理上实行“先税后分”原则，即先对被继承人死亡时遗留的财产依法征税，然后才能将税后遗产分配给继承人或受遗赠人。

遗产税原实行超额累进税率，自1988年起改为40%的比例税率。遗产税规定有免征额，如1995－1996财政年度的免征额为15.4万英镑。除议会另有规定外，免征额每年根据全国通货膨胀指数的上升提高。对死亡前1～3年内的赠与财产全额征税，3～7年内的赠与财产金额适当降低税率，7年之前的赠与财产无需缴纳赠与税。遗产税和赠与税有相应的免征项目和扣除项目，主要减免包括：夫妻之间的赠与，维持家庭生活的赠与，向慈善、公益机构、政党和某些公共团体的赠与，等等。计征遗产税时，允许扣除一些项目，如债务、税款、丧葬费、家庭维持费、林地转让扣除、经营财产扣除等项。

4．印花税

印花税是对在英国生效的各种形式的凭证，如房屋和土地的转让或租赁书据，股票或公司股份的转让书据，以及人寿保险单据等所征收的一种税。以赠与方式转让财产，无需缴纳印花税。在房地产方面,印花税的课税对象为房地产权属转移时所书立或使用的凭证。英国法律规定,没有贴印花税票的凭证在国内诉讼中不能作为证据,政府土地登记局也不予注册登记,由此纳税人一般都能主动纳税。但法律没有明确规定印花税的纳税人和负税人,可由当事人自行商定。在一般情况下,由于买方、承租方需要注册登记和证明其租赁权,故多由其负责纳税。

印花税实行从价定率和从量定额两种计征方法。对于房地产交换,定额征收50便士的印花税。房地产买卖和租赁实行比例税率,房地产买卖的计税依据为买卖凭证的成交价格,以6万英镑为起征点,税率为1%;房地产租赁的计税依据为契约中的租赁价格,分一次性租价和年租金两种类型,前者为固定比例税率,后者为分档比例税率。税法对有关房地产方面的印花税另有一些减免规定。英国印花税由国内收入局负责征收,占全国税收总额的1%有余,其中房地产交易是主要税源。

5. 资本利得税

资本利得税是英国对产权所有人处理(除继承以外)资本财产(如房产、债券)时获得的收益征收的税种。英国于1965年实施的《财政法》规定当年开征此税并于1979年制定《资本利得税法》。资本利得税的纳税人为资产出让人,即资产的出售方、赠与人和交换双方的当事人,包括个人、合伙企业、公司、受托管理财产者或个人的代表以及被免税的各类机构。资本利得税的征税对象既有有形资产,也有无形资产,且不论该财产存在于何处,除非特别规定为免税。房地产属于征税范围，但英国规定供自己个人居住的房屋可以完全免征此税。资本利得税的计税依据为资本处理时的市场价格减去资本取得时的支出，包括取得价格和取得时发生的一些有关费用，再减去资本处理时发生的有关费用后所剩余的净额。

从1982年3月起，英国在资本利得税中实行指数化宽免制度，即在资本利得中还可以减去通货膨胀所造成的资本实际贬值数，以求更加公正客观。资本利得税的税率与所得税的基本税率相联系，分为3档：对大型集团式公司（托拉斯）按35%的税率课征；对小公司按公司所得税的适用税率课征；对个人资本增值收入为其最主要的收入来源时，按个人所得税适用税率课征，否则按30%的税率课征。有关房地产转让的税收优惠是对私人住宅（包括花园和面积在0.5公顷以下的土地）转让时免税，但对私人住宅中出租或用于其他商业用途的部分不免税。资本利得税由国内收入局负责征收。纳税人应当在纳税年度终了后3个月以内或者在查定日以后30日内缴纳。英国每年来自房地产交易的资本利得税收入约占资本利得税收入总额的27%。

6. 增值税

英国自1973年4月1日起实施增值税，取代以前的购买税和特别就业税。增值税是英国间接税中的主要税种，占总量的50%~60%。增值税针对在英国境内销售应税商品和提供应税劳务，以及进口商品征税。与中国目前的增值税制度不同，英国商品销售的范围包括不动产的销售，因此房地产销售行为属于增值税的课征对象。增值税的纳税人为提供应税商品或者应税劳务的人，可以是个人，也可以是合伙企业、公司、社团或俱乐部。增值税的税率分为标准税率(17.5%)和低税率5%两种,房地产销售适用标准税率。增值税有减免税的法定优惠,对产权转让或让渡有关土地的权益,或让渡占有土地的特许权可以免税,但度假出租场地、娱乐活动场地等情况例外。

7. 所得税

所得税是英国的第一大税种,分为个人所得税和公司所得税两种。个人所得税的纳税人分为居民个人和非居民个人两类,前者需就其来源于世界范围内的全部所得纳税,后者只需就其来源于英国境内。个人所得税实行超额累进税率,税率根据每年的财政法予以规定,目前分为低税率20%,基本税率20%~40%,高税率40%三个等级。英国规定了所得税宽免制度,允许从总所得额中扣除纳税人用于本人生计及赡养家庭等方面的支出。个人所得税的应纳税所得额中包括扣除有关费用后的不动产租赁收入、一次性租价及其他类似的支付金。英国公司所得税又称公司税或法人税,占每年各项税收总额的10%以上。其中,来自不动产的公司所得税占全国公司所得税收入总额的10%以上,占全国税收收入总额的1%。公司所得税的税率实行分档比例税率,分为标准税率和小公司税率,每年由下一年度的《财政法》确定,目前在20%~35%之间。

三、法国

法国在1790年就立法制定了土地税。1949年,法国通过法律废除了不动产年度税，明确将土地税作为地方税种。法国是由四级政府组成的国家，由中央政府、地区政府、行政区和社区组成，还包括数个大城市区。立法机构在国家法律的许可范围内确定下级政府的税基和税率，税务管理工作在财政部税务局实行完全集中管理，财政部税务局负责评估房地产的价值，征收房地产税，并决定各政府部门具体的税收程序。1990 年，房地产税收占国家所有税收收入的 8.6%，占地方税收入的 52%，地方政府全部财政收入的 24.1%。

法国房地产税也有一套稳定的价格评估机制。从 1970 年起，法国的房地产估价以当地的地租价值为基数，定时地通过应用系数调整房地产税的评估标准，一般以 1 年为一个调整期。法国地方政府不能改变由中央政府确定的税基。

（一）主要税种

1. 土地增值税

1954 年，法国率先开征增值税。最初，法国增值税的征收范围只有工业生产和商业批发两个环节。1966 年法国政府将增值税范围扩大到商业、零售业和农业，1978 年又进一步扩大到自由职业者，从而形成了现行增值税制度。

1961 年法国政府颁布法律，把征收增值税作为抑制土地投机，控制土地和住宅价格上涨过快，维持房地产市场正常秩序的一种有力手段。该法律规定：对出售购买不到 7 年的不动产者征收 25% 的增值税，其中 1/3 收入上缴国库，2/3 归地方政府。但是 2 年后此项规定即被废除，因为许多房地产所有者宁愿等到 7 年后再出售土地，这既逃避了税收，又使土地滞置，影响了房地产的正常流动。1976 年，法国通过新的税收条例规定，不动产的增值所得，应归入纳税人的其他收入之内，一并征收所得税，并规定以连续性期限方式（2年、10年、20年或30年）减少课税。从1983年开始，又作了修改：第一，2年以内转卖的财产，只扣除购买费用；第二，2年以上转卖的财产，还应扣除相当于通货膨胀的金额，并每年另扣除5%的建筑物占有费和3.33%的土地占有费。

2. 土地年度税

土地年度税是根据不动产的价值，每年对不动产的所有者或占有者课征的税。由于土地年度税是以不动产的价值为征税依据，因而对不动产征税基数的估定就具有决定意义。为了保证征税基数估定工作的有效开展，法国地方政府设立了市镇直接税委员会，成员由地方议员及房地产业主代表组成。政府部门在该委员会的监督下，开展土地及建筑物征税基数的估定工作。

3. 不动产出售税

该税属于法国中央和地方共享税，自1984年开始，法国政府将该税（包括登记税及土地出售公布税）的征管权从中央转移到省级地方政府。课征的税率分为两种，在各地方区别使用。一种税率是享受特殊税收条例所规定的优惠税率（这种税率一般较低），包括：①出售营造基地，免征省级不动产出售税；②出售使用期不到5年的新房，房屋出售税率减至0.6%；③出售用于居住的其他房屋，税率为2.6%；④农业用地的购买，若为扩大农场而购买农业用地的税率为6.4%，购买其他农业用地的税率为13.4%，购买森林的税率为3.6%；

⑤凡属土地整治及乡村建设公司的工程，不论是出售还是购买，税率均为0.6%。另一种税率属于不享受特殊税收条例优惠的不动产出售税，国家课征的税率一般为13.8%；同时，还增加以下课征内容：①省级地方政府课征1.6%；②市镇课征1.2%；③大城市区课征税不尽一致，如巴黎大区为0.45%，弗朗什-孔泰大区为16%。

4. 基础设施税

为了在不动产周围修建必要的公共设施，可以在拥有1万居民以上的社区，开征基础设施税。该税由中央政府决定基本法，当地政府有权在法律范围具体调整，给予了地方政府充分的税收立法权。基础设施税的税基是评估建筑物的价值。乡村、政府建筑和特别发展地带的房屋免税，社会公益性质的房屋免税。地方政府可以在中央政府限定税率的1%~5%范围内制定具体税率。该税一般在发给建筑许可证时征收。

（二）减免税

法国税法规定所有的政府房地产都免税，其法理是房地产所有权人的代表（政府）无需向所有权人自己（国家）缴税。地方政府免税后的减少收入由中央政府予以补偿。其他的免税对象还包括：外国政府大使馆所有的房地产；宗教组织、教育机构和文化机构所有的房地产，如博物馆和历史遗址、公墓、农场建筑物、森林；用于社会福利的房地产，如医院、孤儿院和市政机构。以免税为目的而实际上却用于商业的房地产不得免税。

新建筑物或者重新装修的建筑物在建筑完工后的开始2年免征房地产税。对低收入的房屋所有人允许有15年的免税期。一些特殊用途的建筑物可以免税10～20年。对于改良的土地，如修篱笆和改进排水沟的土地，可以临时免几年的土地税收。对75岁以上的老年人的居住地免征房地产税。

（三）税收征管

1. 税权分配

法国税收法案的制定权、税款征纳的最高管理权都属于中央，地方政府协助中央征收。但是，法国规定了地方政府在中央许可范围内拥有相当大的地方税收立法权，尤其是主要属于地方税的房地产税方面。与美国的完全分税制相比，法国的税权设置属于相对集中型。各级政府根据中央制定的税率征税，但可以在中央规定的范围内对税率加以调节。一些地方政府还可以联合地方团体组织征税，独立于政府的征税机关之外。现今，法国中央政府每年开始通过电子邮件向纳税人发送税收单，不允许延期付款，税收的记录和税单完全信息化。

2. 评估房价

法国法律规定，房地产所有者须随时向税务官员提供自己房地产变化的信息。税务官员有权根据位置、特性和用途不同，把房地产分成不同的类别进行估价。评价的标准是中央政府每年颁布的法定系数和由中央税务管理局按年度计算的调整值。系数基于总的市场趋势，但是系数与市场地租价值不一致。虽然法律规定房地产应该每3年重新评价和每6

年更新,但实际执行的时间更长。法国税法将全国土地分为12级,在当地政府的协助下,由税务局制定最近评估的市场地租价值表,分别评估价值。

(四) 救济程序

作为现代民主和法治思想发源国之一,法国深谙"无救济则无义务"的保护人权原则,在税法方面也有较为完善的救济程序,以此保障纳税人的权利不受行政机关侵犯。法律授权纳税人如对税务部门评估出的房地产价值和征税额不服,有权依法申辩,直至提起诉讼。如果纳税人不同意评估结果或税单,可以请求税收管理人员重新审查;只要理由正当,税收机关就有义务进行重新审查,直到做出改变。对重新审查结果仍然不服的,可以提起诉讼。法国税收诉讼在进入正式庭审程序前,有一步初级审理程序相当于中国的庭前调解。初级审理程序比较简易,不需要法定的代理人。据估计,95%的税收纠纷能在初级审理中解决,仅5%需要进入正式审判。

(五) 主要问题

法国房地产税法目前也存在一些明显的问题,表现为制度过于复杂化。第一,在中央制定大的税率范围后,由不同级别的地方政府(地区、行政区和社区)分别制定不同税率,权力过于分散。许多纳税人不清楚各级政府的税率,以及应向各级政府部门纳税的比例。有时一级政府的税率增加了,而另一级政府同一税种的税率却减少了。第二,评估和征管程序过于复杂,征收过程中耗资大,有损于税收效率原则。这主要是征收房地产税的工作人员占征税总人员的比例相对房地产税收占全国所有税收的比例而言,成本过高。

总之,法国的房地产税是该国实现土地政策的一个重要环节,主要目的是为了防止土地投机,扩大土地供应,促进住宅建设。从第二次世界大战结束后,税收问题就不断引发法国政坛上的辩论,这既是法国社会富有民主与法治传统的反映,也是社会各阶层围绕不同利益展开税负竞争而有损于税收效率的反映。

四、日本

日本政府强调房地产税收对国家财政的聚财性,同时也不忽略房地产税收对市场经济和社会公平的调节性。日本的税种较多,税负相对较重,其中有几个税种特别针对房地产投机行为,体现了调节经济秩序、追求社会公平的税法原则。在日本的税法体系中,直接与房地产相关的税种共有 12 种,税收名称和种类与我国都比较相似。对我国而言,日本房地产税制具有较强的借鉴性。日本的 12 种房地产税分别是:地价税、不动产购置税、财产税、特种地价税、经营场地税、城市规划税、房地产登记税、印花税、继承与赠与税、所得税、法人税、地方居(住)民收入税。

1. 地价税

地价税属于日本的中央税,自 1992 年开征,征税对象包括在日本境内的土地和土地租赁等。该税的纳税人是每年 1 月 1 日税务登记时列示为房地产所有者的公司或个人,该税以公平市价乘以一定的比率为计税价格,根据持有房地产的年限，比率在5%~40%之间。计税依据是已经评算出的地价总价值，从1993年起税率定为0.3%。用于特殊用途和特别组织的土地可以免征此税，如用于文化、教育和大使馆、领事馆的土地可免征此税，也允许对纳税人的资本数额做基本扣除。地价税可以从个人或公司的经营所得的应纳税所得额中扣除。

2. 不动产购置税

不动产购置税属于日本的地方税，以购置土地或房地产者为纳税人。计税依据是购置时的土地或房产的评估价格，税率为4%。根据土地或房产的用途和大小，该税有多项减免税优惠。如面积不少于200平方米，其中至少有40平方米是用于居住的新楼房，可有1千万日元的特别扣除。对购置房产用于居住的土地，税率降低为3%。税法另外规定继承或赠与的房地产以及在因特定原因的公司合并中购置的房地产也可免征该税。

3. 财产税

财产税属于日本的地方税，由财产所在的市町一级地方政府征收。主要征税对象为土地、房屋建筑物和在所得税征税范围内能提取折旧的有形经营性资产，纳税人是每年1月1日税务登记时的不动产所有者。在一个纳税年度中，变更财产所有权并不影响在该年度初的财产所有者的纳税义务。计税依据一般是土地和房屋建筑物的市场价格，但实际上往往是以税务登记时的价格为依据。税法规定根据土地和房屋建筑物的地理位置确定财产税税率，幅度从1.4%~2.1%。被评估的土地价值低于15万日元和被评估房屋建筑物价值低于8万日元的，可以免征此税。

4．特种地价税

特种地价税自1973年开征，征税目的是为了抑制土地投机。该税由土地所在的市町一级地方政府征收，主要特点是对净资产和购置行为征税。因此，土地的购置者和拥有者都是该税纳税人，但拥有同一块土地时间超过10年的人，不再缴纳该税。该税以每年1月1日持有的土地的购置成本为计税依据，税率为1.4%。除文化和教育以及大使馆、领事馆的土地免征此税外，一些由于政策性原因和撤迁工厂重新购置的土地、合并公司的房地产以及政府购置的土地也都免征此税。道、府、县政府征收的不动产购置税、继承和赠与税还可以从该税中抵免。特种地价税法规中明确的征税对象和多项的抵免规定反映了日本政府以该税抑制土地投机的政策导向性。

5．经营场地税

经营场地税属于日本的特别目的税，税收专用于改善城市环境。该税的征税对象是为了经营和在房屋里开展经营活动的需要而新建或扩建的房屋建筑物。纳税人是房地产业主和房地产使用者。课征目的是让用于经营性的房屋建筑物的收益少于用于住宅性的房屋建筑物的收益，减少房地产投机的潜在利润，控制市场价格。该税只在几个城市被授权开征，如东京、横滨、长崎和京都等。这些城市都是日本的经济、文化中心，人口密度高，房地产资源稀缺，房价容易失控，特别需要政府的宏观调控。由于对一部分房屋建筑物免税，所以，涉及该税的主要是大型建筑物。该税实行定额税率，以业主自估值为计税依据，对业主征收的税率为每年 6 000 日元/平方米，对使用者征收的税率为每年 600 日元/平方米，另外再按使用者支付给雇员报酬总额的 0.25% 征税。

6. 城市规划税

日本税法规定，当地方政府实施城市计划方案，发展和改善某地区时，可以对该地区内的土地或房产所有者课征城市规划税，税率为 0.3%。开征本税的目的是为了本着社会公平的原则，减少房产所有者由于城市规划实施而得到的房地产增值利益。由于该地区的房地产市场价格因城市规划实施而提高，房地产所有者从中收益，根据社会公平原理，应适当调减房地产所有者的收益，所以开征本税。

7. 房地产登记税

房地产登记税属于日本的中央税。和许多国家一样，日本也实行土地所有权登记制度，土地所有者必须经过土地登记机构办理登记手续，土地所有权才能得到法律承认。土地所有权的登记人就是本税的纳税人，登记时合同上的土地财产买卖价值就是本税的计税依据。但继承的土地财产因未经出售，没有买卖价值，因此其计税依据是经过土地评估委员会根据国家税务机关公布的估价规则为基础进行估算。该税类似于中国的契税，税率从 0.6% ~ 5%。

8. 继承和赠与税

继承和赠与税也是日本政府根据社会公平原则而在房地产领域设置的重要税种之一。该税以遗产继承人或赠与财产的接受人为纳税人,以继承或接受财产时的财产价值(与地价税的计算价值相同)按规定标准作扣除后的价值为计税依据。该税实行累进税率,自10%(应税财产在150万日元以下)开始,直至70%。缴纳该税的房地产不必再缴纳房地产购置税和特种地价税。

9. 印花税

印花税属于日本的中央税,以做出、领受特殊文件、合同、公证和印花税法上列举的其他凭证的人为纳税人。印花税实行定额税率,根据合同的标的价确定税率,税率从200日元~60万日元(合同价值50亿日元以上)。印花税起征点为1万日元。本税可以通过到邮局买印花税税票粘贴,也可以直接到税务局缴纳。对房地产买卖合同,也应缴纳印花税。

10. 所得税中对转让房地产所得的课征

日本现行所得税中规定了对个人转让房地产取得的所得,允许先做一些扣除(如购置费、转让过程中发生的直接支出、通常规定的扣除、持有超过一定时间的附加扣除、转移名下的扣除、居住房产特别扣除、特定房产扣除和土地开发计划扣除等),再区分长期资本利得和短期资本利得,然后与经常所得分开计算,分别适用不同所得税率课税。本税属于日本的中央税,开征本税也包含抑制房地产投机行为的目的。税法规定个人持有房地产所有权时间达5年以上，然后转让取得的所得称为房地产长期资本利得，税率30%。个人持有房地产所有权时间低于5年(含5年)转让取得的所得称为房地产短期资本利得，其税率最低为40%。从1993年起，对于因需重新购置居住房产而出售原居住房产取得的资本利得免征该项所得税。

11. 法人税中对转让房地产所得的课征

在日本的法人税中，也有对房地产转让取得的所得课征的规定，此项规定也包含了抑制房地产投机的目的，属于日本中央税。税法规定，对持有房地产时间达5年以上转让取得的所得，即为长期资本利得。对资本不超过1亿日元，年所得不超过800万日元的法人，取得的长期资本利得按通常所得课征法人税，最低税率为28%，最高税率为37.5%。从1992年起，对净长期资本利得还课征10%的附加税。对持有房地产时间低于5年(含5年)的转让所得，即短期资本利得，除课征正常法人税外，还征收特别附加税。根据短期资本利得的时间长短，特别附加税的税率又分两档。对超过2年以上的5年以下(含5年)的，特别附加税率为20%，对持有时间不超过2年的资本利得的特别附加税率为30%。对短期利得的法人税和特别附加税，纳税人即使公司经营上存在亏损，也必须缴纳。但是，如果把土地转让给国家或地方政府后，取得的资本利得可免征附加税。

12. 道、府、县和市町居(住)民收入税

对出售房地产取得的资本利得，除了征收国家所得税外，

还应缴纳道、府、县居(住)民收入税和市、町居(住)民收入税。道、府、县对长期资本利得征收的居(住)民收入税的税率为3%,对短期资本利得的税率为4%。市町对长期资本利得征收的居(住)民收入税的税率为6%,对短期资本利得的税率为8%。

五、中国港台地区

香港是中国的特别行政区,台湾是中国的领土,由于历史的原因目前尚未与中国大陆统一。这两个地区,以及中国的另一个特别行政区澳门都各自拥有一套适合自身特点、相对长期稳定的房地产税收体系。此处选择香港和台湾地区的房地产税制作简单介绍。

(一)香港

香港的税收制度,包括房地产税收制度是香港经济繁荣发展的保障。同时,由于税收,特别是房地产税收与香港民众的基本收入和日常生活息息相关,也成为香港行政制度和地域文化的组成因素。在一百多年的中西文化混合历程中,香港形成了与英国、中国税收法制既有区别又有联系,且独具特色的香港税制。香港税制可概括为四个特点:第一,行使单一的收入来源管辖权,对香港之外的收入免于征税;第二,以直接税为主体的税制结构和税收模式;第三,税种少、税负轻、征管严的税制格局;第四,独特的税收管理体制和管理制度(不实行分税制,仍然采用一级税制)。①

房地产税收是香港特区政府的主要税收。香港涉及房地产的税种有利得税、物业税、印花税、差饷和地租,分别由香港税务局、差饷物业估价署两个行政部门负责征收。

1. 利得税

利得税是按每一课税年度及标准税率向在香港从事行业、专业或商业经济活动而赚取或获得利益的人士征收的税种。利得税是香港最主要的税种,每年的税收约占全港税收总额的40%左右。利得税相当于中国大陆的公司所得税,房地产的出售或出租所得是利得税的重要一支。缴纳利得税的条件包括:第一,该利润是从香港经营的行业、专业或商业中取得。第二,该利润必须是源自香港的收入。源自其他地方的收入,即使汇到香港,也无需在香港缴纳利得税。第三,该利润是出售营业性资产取得的。若是出售资本性资产,则豁免利得税。第一和第二项条件都贯彻了香港的单一收入来源管辖权,体现了香港作为国际自由港和免税港的双重地位,便于香港吸引外来资金。

在香港,对房地产发展商而言,房地产属于资本性资产,转让时无须缴纳利得税。但如果税务机关认定房地产转让或买卖行为属于投机或商业行为,即属于营业性资产,必须按规定扣除法定项目后,就利润的16%缴付利得税。其征税对象没有居港人士和非居港人士之分,取决于该人(包括公司、合伙营业或团体)是否在香港经营任何行业、专业或商业,以及

① 樊静.中国税制新论.北京:北京大学出版社,2004:83-86.

是否从中赚取利益。

香港个人收入利得税的税率为15%，公司利得税的税率为16%。税基中规定不需课税的收入包括：从香港以外所得的收入、与业务无关的利息收入、资本增值、股息、从获得顶级信贷评级的金融机构发行的债务票据所得收益，以及从香港金融管理局发行的外汇基金票据所得的收益。香港利得税的缴纳期限是11月至第二年1月，税款总额的75%应于该期限内缴纳，剩余的25%可于3个月后缴清。

2. 物业税

香港税法规定，房地产若作为出租使用，则其租金收入需要缴纳物业税。物业税在每一课税年度按照土地或楼宇的应评税净值，以标准税率向在香港拥有土地或楼宇的业主征收。其中，土地或楼宇包括墩（桥墩）、码头以及一般理解为不构成一幢楼宇的任何建筑物，也包括楼宇的任何部分。其应评税净值是依据纳税人的实际收入申报表计算的，但包括在该课税年度内为取得土地或楼宇的使用权而付出的费用，如资本性支出、获取提供服务或便利而支付的费用等。根据《差饷条例》分别征收差饷的楼宇的所有部分，均须分开评估物业税。

物业税的标准税率是15%。应缴物业税等于应评税值扣减业主缴纳的差饷及20%的标准扣减率（用以弥补修理费和开支费用）后的余额，乘以税率15%。立法局可以通过决议案修订标准扣减率。

可享受物业税豁免的物业包括：香港政府拥有的物业、作为领事性质用途或领事馆职员住所的物业、从事商业的公司通常按其赚取的溢利缴纳利得税可以申请豁免物业税、会社和商业团体若从事业务须缴纳利得税可豁免缴纳物业税,若这些团体不需缴纳利得税,则必须缴纳物业税。

3. 印花税

香港的印花税源自1866年生效的法例,是向在香港订立的文书凭证征收的税种。香港的印花税主要向以下四类文书征收:香港物业的售卖转易契、住宅物业的买卖协议、不动产租约、香港证券转让的文件(如成交单据等)。除了证券转让的文件外,其他须缴付印花税的文书大都与房地产有关。

(1) 征收售卖转易契印花税的规定。售卖转易契是指将任何不动产转让或归属任何人的一切文书(包括退回书)及一切法庭判令或命令。除特殊情况外,所有坐落香港的不动产的实际或等同售卖转易契约,均按从价税率征收印花税,实际适用的税率视转易契的标的而定。

如果住宅物业买卖契约已经交付了从价印花税,则转易契只须加盖100港元的定额印花。这一类的印花税应在相关文件签立后的30天内缴付。文书上的所有签立人均有责任缴付有关印花税。

(2) 征收住宅物业买卖协议印花税的规定。住宅物业买卖必须在签署同一交易的第一份协议后的30天内为协议加盖印花。在其中的一份合约就从价印花税加盖印花后,同一买卖的其他合约只需加盖100港元的定额印花。如果正式买卖合约是在临时合约签立后的14天内签立的,则临时合约可以免税,但正式合约要在签立后的30天内加盖印花。住宅物业买卖协议的印花税税率与售卖转易契的从价印花税税率相同。

（3）征收物业租约印花税的规定。租约印花税以租约订明的平均年租计算。出租期不足1年的，以出租期内的全部租金计算，税率为0.25%～1%，具体视租约的年期而定。1年以内租约的税率是0.25%，1～3年租约的税率是0.5%，3年以上租约的税率是1%。租约上的业主和租户双方及其他签立人，均有责任缴付印花税。

如果一份需要缴纳印花税的文书没有在指定期限内加盖印花，则必须缴纳逾期罚款。逾期两个月以上，罚款额最高可达印花税额的10倍。在下列情况下，房地产的转让或租用交易的文书免缴印花税：有关物业的转易只是为了作为贷款的抵押，或只是把业权转给了信托人而物业的实际权益没有变动；把房地产转让给特区政府，或是由特区政府批出土地的文件；把房地产转让给可免印花税的人士的文件；临时市政局及临时区域市政局所签立的文书；把房地产送给慈善团体的文书；集团公司内部的房地产转让或买卖文件等。

在房地产交易中，有关文件必须加盖印花，买方的业权和利益才能得到保障。一份应缴印花税的文件如果没有加盖印花，法庭将不认可作为民事诉讼中的证据，也不能用作其他用途。一份物业转易契约或住宅买卖协议，如果没有加盖适当印花，土地注册处不会受理该份文件的注册申请。

4. 差饷

差饷是香港政府受理征收的一项间接税，是根据物业的应课差饷租值乘以一个百分率征收，是香港房地产税的起源。1845年，港英政府开始根据当地居民拥有房产的数额征收差饷，用以支付当地警队的开支和街灯照明、用水及消防开支等公用事业费用。发展到如今，差饷仍然以居民拥有或使用的房地产（物业）为征税对象，属于标准的房地产税，但征纳后的用途大为拓展，已经被拨作特区政府、市政局及区域市政局提供各项公共服务的经费。差饷的纳税义务人是在香港拥有或使用物业的所有业主（所有人）与占有人。如果业主将物业留作自用，则由业主缴纳差饷；如果业主将物业出租，则视物业出租人与承租人租赁协议的条款确定纳税人。为了便于征收，一般情况下差饷都是向物业的直接占有者征收，使得纳税义务人更加清晰。物业所有人在免征差饷后，要另外承担物业税。如果物业所有人为法人团体，则另外征收利得税。

差饷的计税依据为应课差饷租值。物业的应课差饷租值是假设物业在一个指定估价日期被空置出租时，估计全年可得的合理市面租金。差饷的征收率由立法局决定，差饷征收率为5%。

差饷在征纳时照“差饷 = 应课差饷租值 × 5% 差饷征收率”的公式计算，纳税期限以季为单位。每个季度初，征税机关对各个物业发出征收差饷通知书。物业的所有人或占有人在接获通知书后，必须于该季度第一个月底前缴清税款。差饷也有减免税的规定，免税的对象包括：农地；在新界的农舍或某些乡村屋；供公众作宗教崇拜的楼宇以及由政府、市政局、区域市政局及其他团体，包括外国驻港代表使用的楼宇等。各物业的应课差饷租值必须通过法定评估程序，评估时首先考虑区内同类物业于指定估价日期或邻近日期中，由业主与承租人在公开场合下议定租金，然后再根据物业面积、位置、设施、完工质量及管理水平分别加以调算。物业的应课差饷租值每年重估一次。

5．地租

地租是承租人为延续1985年2月7日起届满的不可续期土地契约,以及在该日以后批出的土地契约所应缴纳的租金。征收机关可向物业或差饷缴纳人征收地租,如缴付地租的人不是物业的业主,他可向业主索回已缴的地租,或从付给业主的任何款项中扣除。地租按照物业应课差饷租值的3%征收,并且按照应课差饷租值的变动而调整。地租实行分季预缴。如果物业必须同时缴纳差饷和地租,征税机关将给纳税义务人发出合并征收通知书,将两税一次性缴纳。地租,以及差饷、利得税、物业税、印花税等的征收机关都是香港税务局或差饷物业估价署两个政府部门。

（二）台湾

台湾"税法"体系是中国整体税法体系的一部分,是中国在民国时期所形成的税法体系于1949年后在台湾地区的延续。台湾主要"税法"的历史渊源都在上世纪30－40年代的大陆,由当时的国民政府在南京等地确立。半个多世纪以来,台湾地方当局对各类"税法"进行了多次修订,形成了台湾现行"税法"体系。

台湾地区共有18个税种,分别是:所得税(包括综合所得税、营利事业所得税)、遗产税、赠与税、货物税、证券交易税、期货交易税、矿区税、营业税、印花税、使用牌照税、土地税、田赋、地价税和土地增值税、房屋税、契税、娱乐税、关税。其中,田赋已于1986年起停止征收。台湾现在实际开征的税种17个,所得税在其中最为重要,占税收总额的40%。与房地产相关的税收主要有:地价税、田赋、土地增值税、契税、房产税、遗产税、赠与税等。遗产税和赠与税是“中央”税,与房地产的关系仅仅在于产权转移的唯一环节,与房地产使用和交易的关联度不高。契税占整个税收比重较低(1995 年仅占地方市政税收的 8.5%)。因此,构成房地产税收的主要税种是地价税、土地增值税和房产税。

因为孙中山先生主张开征地价税,由政府收取土地的级差地租以实现“平均地权”的目标,所以台湾地方当局基本上沿着这种思路设计土地制度(包括房地产税收制度),具体贯彻在“规定地价”“照价征收”“照价收买”“涨价归公”的四大措施上。

具体地,台湾地区的房地产“税法”可概括如下:

1. 地价税

地价税,是针对土地价值所课征的赋税,其计税依据为地价总额。所谓地价总额,是指每一土地所有权人依规定程序在办理规定地价或重新规定地价时,经土地所有权人自行申报而核入户册的申报地价。

地价税的纳税义务人分三类:第一类是土地所有权人或典权人;第二类是公有土地或共同共有土地的管理机关或管理人,土地为分别共有的,以各共有人为纳税义务人;第三类是纳税义务人“行踪不明”或土地权属不明或无人管理的,由土地使用人代缴。土地所有权人可申请由土地实际占有人(如承租人)代缴,在当年应缴租金中扣还。

地价税按照每一土地所有权人在每一“直辖市”或县(市)辖区内的地价总额课征,但以各“直辖市”或各县(市)土地 7 公亩的平均地价为起征点。地价总额在起征点以下的土地按 10‰固定比例税率征税,10‰即为地价税的基本税率。对超过起征点的土地,以基本税率为标准实行 6 级超率累进税率,税率分别为 10‰、15‰、25‰、35‰、45‰、55‰。[①] 对供公共使用的土地、当局机关用地、学校、医院、名胜古迹等特殊用地免征或减征地价税。

地价税实行当局公告地价,土地所有权人或代缴义务人自行申报的征纳方式。每年征收一次,必要时可分两期缴纳。逾期未申报,或短匿税额,偷漏税额的将被依规定处罚。

地价税中附加特殊的空地税和荒地税。为促进土地使用,“税法”强制私有空地和私有禁地限期使用,逾期未使用者,对私有空地加征应缴地价税 3 ~10 倍的空地税;对私有荒地则加征应缴地价税 3 倍以下的荒地税。

2. 土地增值税

台湾地区土地增值税的征收对象分为土地所有权移转和土地出典两类。[②] 除规定免税情况外,凡是已规定地价的土地,在土地所有权发生移转时都应根据土地实际增值额缴纳土地增值税。主要免税的情况如因继承而移转的土地、因各级当局出售或依规定赠与的公有土地、因受赠而移转的私有土地等。已规定地价的土地,在设定典权时,出典人应依规定预缴土地增值税。当出典人回赎时,原缴土地增值税,应予无

---

① 引用台湾地区“土地税法”(1997 年 10 月修正)第 16 条之规定。

② 此两类土地增值税的征收对象系台湾地区“土地税法”第 28 条、第 29 条之规定。

息偿还。

土地增值税以土地涨价总数额为计税依据。土地涨价总数额是自该土地所有权移转或设定典权时,从核定的申报移转现值中减除原规定地价或前次移转时的地价后的余额。台湾地区的土地增值税实行 3 级超率累进税率,税率按本次移转或出典时的土地涨价总数额对原定地价或前次移转时核计土地增值税的现值数额的比例,分别定为 20%、30%、40% 三级。土地所有权人出售其自用住宅用地者,都市土地面积未超过 3 公亩部分或非都市土地面积未超过 7 公亩部分,其土地增值税统一按该部分土地涨价总数额的 10% 征收。超过 3 公亩或 7 公亩者,重新适用上述的超率累进税率。

台湾地区土地增值税实行申报纳税方式。在土地所有权发生转移或设定典权时,当事人应于订定契约之日起 30 日内,填具土地增值申报书,并汇同契约及有关文件,共同向主管税捐稽征机关申报土地移转现值。此后,纳税义务人在接到主管机关开具的土地增值税缴款通知书 30 日内缴纳税款。

3. 房屋税

台湾地区的房屋税又叫房捐(继承于大陆)对房屋及其建筑物的所有者征收的一种税。课征房屋税,是以房屋现值为基准。

房屋税的纳税义务人为房屋所有权人,但房屋有典权时,对典权人也同样适用,典权人在典权期间,负有纳税义务,此时该房屋所有权人不负纳税义务。

房屋税以房屋现值为计税依据,分不同税目,实行比例税率。住家用房屋税率为 1.38% ~2%。非住家用房屋,作为营业用者为3%～5%；作为私人医院、诊所、自由职业事务所等非营业用者，税率为1.5%～2.5%。房屋同时作住家及非住家用者，应以实际使用面积，按不同税率课征房屋税，但不是住家用者，课税面积最低不得少于全部面积的1/6。“税法”另外规定对当局“行政”用房、公立学校、医院、慈善机构等用房免征房屋税。

纳税义务人应于房屋建造完成之日起30日内，向当地税务稽征机关申报房屋现值及使用情况。

4．遗产税和赠与税

台湾地区的遗产税也继承于大陆，是对财产所有人死亡后其财产转移于他人时所课之税。遗产税的纳税义务人依次为：遗嘱执行人、遗产管理人、继承人及受遗赠人。遗产税以死者生前所遗留的不动产、动产和其他有财产价值的权利为征税对象。为防止逃税，遗产税的征收具有溯及力。凡死亡事实或赠与行为发生前2年内，被继承人或赠与人自愿丧失台籍者，仍应课征遗产税或赠与税。

房地产是台湾地区遗产税征收对象的一部分，其价格以被继承人死亡时的财产时价为课税标准。其中土地以公告土地现值或评定标准价格为准，房屋以评定标准价格为准。遗产税的税率为超额累进税率，从2%～50%，共分为10级。遗产税实行总遗产税制，在遗产税未缴付前，不得分割遗产、交付遗赠或办理移转登记。赠与税未缴清前，不得办理赠与移转登记。

台湾地区遗产“税法”对扣除额和减免税都做了相应规定，如常住台湾者和台湾地区的居民，有200万元（新台币）的免征额;捐赠给公益、慈善、教育、文化机构的遗产免税。

遗产税实行申报纳税制度。被继承人死亡后遗有财产者,纳税义务人应于死亡事实发生后6个月内,向户籍所在地主管机关办理遗产税申报。

台湾地区常驻居民就其在台湾省内外的财产赠与,应交纳赠与税;经常居住在台湾省外的台籍人士或外籍人士,就其在台湾的财产赠与,也应交纳赠与税。赠与税的纳税人为赠与人。但在赠与人"行踪不明"时,或逾期未纳税而且在台湾省内无财产者,改由受赠人纳税。赠与税的税率为超额累进税率,税率从4%~50%共分10级。赠与税应纳税额的计算方法与遗产税相同。赠与行为有每年100万元(新台币)的基本免税额。同时,有些项目不计入赠与总额,可免予课税。如捐赠给各级公共教育、文化、公益慈善机关的财产,抚养义务人为受抚养人支付的生活费、教育费及医疗费等等。

赠与附有负担时,由受赠人负担的部分应该从赠与额中扣除。例如受赠不动产,受赠人因此而负担不动产赠与转移所应缴的契税、土地增值税或监证费,可以从赠与总额中扣除。

赠与人在1年内赠与他人的财产如不属于免税范围,并且总值超过基本免税额的,应于超过免税额的赠与行为发生之日起30日内,向税捐主管稽征机关办理赠与税纳税申报。其后程序与遗产税相同。

5. 契税

台湾地区规定不动产买卖、承典、交换、赠与、分割或因占有而取得所有权,均应购用公定契纸(即规定格式契纸,也称公契),申报缴纳契税。但在开征土地增值税区域的土地,免征契税。

契税的纳税义务人是买卖契税为买受人,典权契税为典权人,交换契税为交换人,各就其承受部分申报纳税。此外,赠与契税为受赠人,占有契税为占有人,分割契税为分割人,也各就其承受部分申报纳税。

契价分为一般课税和标购公产及向"法院"标购拍卖不动产课税两类。一般课税的契价,按申报时当地"不动产评价委员会"评定的标准价格核定。但申报转移价格高于标准价格时,准由申报人选择按转移价格或标准价格核定契价。标购公产及向"法院"标购拍卖不动产时,除可按一般课税核定契价外,如标购或拍卖金额低于标准价格时,准由申报人选择按较低价格核定契价。

契税实行分类比例税率,其中买卖、赠与、占有契税为契价的7.5%,典权契税为契价的5%,交换、分割契税为契价的2.5%。

私有土地因继承而取得不动产的所有权者,包括因遗赠而取得不动产等情况,可享受减免税。

六、模式、特征、启示

前文已述美、英、法、日等国和中国港台地区的房地产税收法制。这些国家或地区分处于亚、欧、美洲,其中既有后起的市场经济体制(如日本、中国台湾地区),也有已经相当成熟的市场经济体制(如美国、英国),法律制度上既有采用海洋法系的(如美国、英国、中国香港),也有采用大陆法系的(如法国、日本、中国台湾地区),所以这些国家和地区的房地产税收法制基本上代表了当今世界发达国家和地区的房地产税收模式。以这些税收法制为基础,可以简明扼要地概括出目前发达国家和地区房地产税收法制的特点,引发对我国改革房地产税收法制的有益启示。

(一)模式

纵览各国和地区房地产税收法制,除各自的特点外,也有不少共性之处,可将这些房地产税制归纳为不同模式。按征税对象的不同,可分为对土地征税模式、对房产征税模式、将土地和房产合并征收统一的房地产税模式;按征税环节的不同,可分为对房地产流转环节征税(包括房地产取得环节和房地产转让环节)、对房地产保有环节征税、对房地产增值与经营环节征税等不同模式;按征税价值的不同,可分为对房地产固有价值征税、对房地产租赁价值征税、对房地产交易额征税、对房地产增值额征税、对房地产交易所得征税等等。本书侧重从房地产征税环节研究房地产税收法制,因此将前述国家和地区的房地产税制划分为流通环节税、保有环节税和增值与经营环节税三种模式。

1. 流转环节税

流转环节税侧重于对所有人取得或转让房地产所有权的行为及所得征税。从法律上看,房地产所有权的取得事实分为原始取得和继受取得两类。转让环节和取得环节是同一房地产所有权让渡事实中前后相继的两个不同行为。房地产所有权出让人让出所有权的行为是转让环节,房地产所有权承受人承受所有权的行为是取得环节。各国和各地区税法对这两个环节中不同主体的纳税义务都加以区别。如出让方通常需要担负缴纳所得税、利得税、土地增值税义务，承受方通常需要担负缴纳遗产税和赠与税、契税义务，双方通常都需要承担缴纳印花税义务。流通环节的税种设置往往较多，但在扣除各项减免税后的实际税负通常并不高，要低于或近似于保有环节税负。

前述各国和港台地区在流转环节征收的主要税种是美国的所得税、遗产与赠与税，英国的所得税、资本利得税、增值税、印花税、遗产税和赠与税，法国的土地增值税、不动产出售税、登录税，日本的所得税、法人税、地方居（住）民收入税、不动产购置税、特种地价税、房地产登记税、印花税、遗产税、赠与税，香港的印花税、利得税，台湾地区的土地增值税、契税、遗产税、赠与税。

在房地产发生继承或赠与等无偿取得行为时一般要征收遗产税（继承税）或赠与税，只不过遗产税征收形式不同。有的采用总遗产税制模式，有的采用分遗产税制模式，有的采用混合遗产税制模式。赠与税也分为赠与人税制和受赠人税制。通常都采用受赠人税制，台湾地区采用赠与人为主，受赠人为辅的税制。

2. 保有环节税

房地产保有税是对拥有房地产所有权的所有人或占有人征税，一般依据房地产的存在形态——土地、房产或房地合一的不动产设置。在该阶段，世界上通行的主要税种是财产税，包括一般财产税和个别财产税。

一般财产税是将土地、房屋等不动产和其他各种财产合并在一起,就纳税人某一时点的所有财产课征。美国、英国采用这种将房地产归为一般财产税课税。

个别财产税是相对于一般财产税而言,它不是将所有的财产捆绑在一起综合课征,而是按不同财产分别课征。国外对房地产课征的个别财产税依征收范围可分为单独对房屋或土地课征的房屋税或土地税、对土地和房屋合并课征的房地产税、对土地和房屋以及其他固定资产综合在一起课征的不动产税等3类。

前述国家和港台地区在房地产保有环节征收的主要税种分别是美国的财产税,英国的住房财产税,法国的土地年度税、基础设施税,日本的地价税、财产税、特种地价税、经营场地税、城市规划税,香港的差饷,台湾地区的地价税、房屋税。

3. 增值与经营环节税

增值与经营环节税也应属于房地产保有环节的大范畴,但它不同于简单地对占有房地产行为征税,而是针对房地产保有期间由于地价上涨而带来的自然增值或者房地产又被用于租赁、生产或经营等,从而产生的收益征税。前后两种税收的差别在于:房地产保有环节税是针对房地产在保有环节的静态价值征税,房地产增值与经营环节税是针对房地产在保有环节的动态价值征税。这类税种区分了房地产的固有价值和房地产的增涨价值,区分了房地产自身的固有价值和用于经营所带来的额外价值,使得通过房地产多收益者则多缴税,仅仅占有和依靠房地产进行日常生活而没有通过房地产多收益者则少缴税,或者免税,这符合税收的公平原则。

前述国家和港台地区中属于增值和经营环节的房地产税种有美国的房地产收益税、英国的营业房屋税、日本的经营场地税、香港的物业税和台湾地区的部分土地增值税。其中，台湾的土地增值税最为特别，继承了1949年前中国土地增值税征收法制，以一种税收兼顾了房地产流转和保有两个环节。

（二）特征

虽然，各国和港台地区的房地产税制具有各自不同的模式，但在市场经济条件下，它们仍然拥有一些共同特征和规律，代表了当今世界房地产税收法制的主流。总结这些特征和规律，对于我国房地产税收法制的改革和建设无疑是必要的。

1. “宽税基、少税种、低税率、严征管”的基本原则

“宽税基、少税种、低税率、严征管”是20世纪80年代以来世界性税制改革的基本原则，房地产税也不例外。“宽税基”指尽力扩大房地产税收的税源，除对公共、宗教、慈善等机构的不动产实行免征外，其余的均要征税，以宽广的税基取代繁杂的税种。这就为稳定充足的房地产税收入提供了物质基础，保证了在减少税种的情况下，国家财政和经济的正常运行。“少税种”，即国外设置的有关房地产的税收种类相对较少，普遍开征以房产和地产相统一的物业税（或称房地产税、不动产税），并以此作为房地产领域唯一的或主体的税种，简化税制。这样做一方面可以避免因税种复杂而导致重复征税等现象的发生，另一方面又可以降低税收征管成本，提高税收效率。“低税率”，指国外房地产税不仅税种简单，而且税率不

高，主要依靠宽广的税基、高效率的征管手段，聚集资金，调控市场。这样的税制结构不仅可以为地方财政创造相对充足和稳定的收入来源，而且容易取得纳税人的认同，有利于培养民众的现代税收意识。可以说，"宽税基、少税种、低税率"，代表了房地产税收作为地方税的未来发展方向。"严征管"，指在发达国家和地区，虽然房地产领域的税种不多，税率不高，但依然保持较高的税收收入，这除了税基宽广外，严格征管也是重要原因之一。为此各国和地区在制定各种税收实体法外，都普遍制定完善的税收征管法，并且严格执行。总体上看，"宽税基、严征管"可以弥补和抵消"少税种、低税率"给国家财政带来的不利影响，推动房地产领域的正常发展，是一种以质量换数量，注重效率的改革原则。

正因为考虑到"少税种、低税率"可能给财政收入造成不利影响，所以国外都普遍注重严格执行税法，尽力减少税款流失，保证公共财政收入。为此"明税、少费"是不可或缺的保障，也是发达国家和地区处理包括房地产税收在内的税、费关系的原则之一。国外行政事业性收费一般可分为规费和特赋两类。规费是政府或地方当局提供特定服务、设备或设定某种权利而对特定对象收取的费用，它以成本计收为原则。特赋则是因营造、改良公共设施而发生的费用补偿，是对获得特别利益或直接受益者而课收的费用，它以特殊补偿为原则。对于房地产而言，要缴纳的规费都不应很高，一般只占到房地产价值的2%左右。即使如此，在西方许多国家，它也被列入地方财政预算，明确其使用方向和范围，极少数不列入预算的规费一般都被公开明确地设置为特定作用，体现出法制社会公平、公开、规范、透明的特色。在美国，政府还会在登记所有权人缴纳的费用中创设一种保证基金，以赔偿房地产所有权人经过登记而权益未获保障的损失。美国联邦住宅管理局在为购房者的贷款行为提供担保时，一般收取贷款额0.5%的担保费，并且利用这笔费用设置类似于担保基金的项目，以应付日后可能发生的偿款纠纷。特赋的征收有两个步骤，缺一不可：一为确认受益对象；二为确认征收数额。对于特赋的征收，需要体现“谁受益、谁缴费”这一权利义务相对等的公平原则。

2. 重保有、轻流转的征税环节分配原则

房地产权属转让的税收负担相对较轻，重视对房地产保有环节的征税，是当今世界房地产税法在征税环节分配上的主导原则。以英国为例，直接来自于房地产转让的税收（不包括转让人是公司而交的所得税）仅占全国税收总收入的1%～2%，而来自房地产保有环节的不动产税、经营性不动产税却占总税收的30%左右。即便是在西方国家曾经较为流行的土地增值税，也因为主要针对流转环节，重流转而轻保有，对房地产市场发育不利变得衰弱。英国和德国分别在1910年、1911年开征土地增值税，但征收面不广，实行期也不长，除德国略有成效外，英国则以失败告终。探究土地增值税在欧洲式微的命运，主要是该税收“重流轻存”的税负结构不仅没有增加房产保有的经济负担，反而刺激房产所有人在将房产投入市场时哄抬房价，转移税负，不利于房地产市场的良性运作。相反，税制若调整为重保有、轻流转的结构，则降低了房地产交易成本，但相对可以减少卖家转嫁税负。如果卖家囤积房产，待价而沽，重保有、轻流转的税制结构势必增加其保有成本。虽然这些成本理论上可以最终转嫁给买家，但保有时间越长，成本越高，转嫁越困难。因此，重保有、轻流转的税制结构有利于迫使有多余房产者尽快将房屋投入市场，满足市场需要。这样就极大地推动了房地产的流动，并刺激土地供给，提高房地产利用率，活跃整个市场。据资料显示，英国的房地产每年的交易高达数百万起。总之，纳税人所保有房地产的价值和所保有时间的长短是在制定房地产税收法制中都密切关注的两个因素。针对这两个因素而制定税种，调整税率，是"重存轻流"原则的基本反映。不考虑房地产的保有价值和保有时间，就不能体现出房地产随时间变动的真实价值，也难以发挥房地产税收对扼制投机，稳定房价的作用。

3．房地产税主要作为地方税的财政分配原则

从税收的归属看，国外的房地产税主要是地方税种，征税所得将作为地方政府财政收入的主要来源。美国的房地产税不属于联邦税，税法由各州制定，税款由各市、县、镇征收，大多数收入归地方政府所有，用于当地的环境改造、治安管理和基础设施建设。房地产税一般要占到地方财政收入的50%～80%。这样一种税收格局把地方政府的事权和财权有效地结合起来，形成了一个"良性循环"的机制，一方面激发地方政府征收房地产税的积极性，另一方面又扩大了地方基础设施和公用事业的投资规模，从而为税收收入的增长创造了条件，真正发挥出了房地产的区域性特征。又如瑞士在各州之间没有统一征税的体系，但是州的法律必须与联邦宪法相一致。州向房地产的受益者或所有者分别发出评估和征税通知单，主要是向收益者征税。如果没有收益者，则向所有者征税。房

地产税的征收率超过了90%。瑞士在房地产税收的立法、执法等各种权力分配上都充分发挥地方的主体作用,表现出房地产主要作为地方税种的财政分配原则。中国台湾地区也明确规定土地增值税、房产税、契税等属于"地方税"。

邓宏乾先生总结认为,进入上个世纪90年代后,国外房地产税收发展变动有两个明显特点,一是房地产税收增幅高于税收总额的增长,另一个就是房地产税收作为地方政府财政收入的主体税源地位日益加强。① 前者如日本在1996年全年税收总额达882 623亿日元,比1985年增长了42.3%,而房地产税收达97 811亿日元,比1985年增长了73.6%,在税收总额中所占比重从1985年的9.2%上升到1996年的11.1%。后者如90年代后,美国州政府税收逐渐退出了房地产领域,基本上全部将房地产税留给地方政府,地方政府财政收入中约有50%~80%来自于房地产税。日本1996年房地产税收入中,国税、道府县级税、市町村级税分别为1 740亿日元、7 320亿日元、88 751亿日元,分别占房地产税收总额的1.78%、7.48%和90.74%。从中可以看出,日本的中央税已经基本退出了房地产领域,房地产税收绝大部分划归市町村级政府,并已成为市町村级财政收入的主体,约占市町村级财政总收入的45%左右。

4. 配套完善的产权登记和价值评估体系

通过对前述各国和地区房地产税制的介绍可见,在房地产税收法制中都十分重视房地产的产权登记和价值评估,在

① 邓宏乾.国外房地产税制及启示.中国房地产导报,2000(6):52-55.

这些国家和地区都有系统的评估法制以及相应的房地产价值评估机构和操作程序。因为各国和地区都将房地产税收的重心置于保有环节,使得在对房地产计税时往往没有明确价格,非进行价格评估不可。即使在流转环节有了明确的成交价格,也不能保证其真实、客观。因此,房地产课税更重要的计税依据仍然应该是课税时的评估值,而非成交价格(登记值)。在房地产被长期保有后,随着市场变动的市值往往已经大幅高于登记值,此时若仍以长时间以前的成交价格(登记值)为计税依据,而不是评估值,那么就根本不能体现市场的发展变化,根本不能说明房地产的真实价值,也完全不利于增加国家税收和加强市场调节。目前,大多数国家都采用从价(评估价值)征收的计税依据。这样做,一是按现行实际的价值计税,比较真实客观;二是在征收管理上具有统一性,比较公平合理;三是随土地房产价格的升值相应增加税收,有利于充分发挥税收聚财和调节的双重功能。

除香港地区、英国外,各地大都由地方政府进行评估。公平而有效的房地产税不仅要求有最初的评估机制,而且要定期进行重新评估。各国和地区对房地产进行重新评估的频率有很大差异,但都由法律作出明确规定。房地产税收法制的建设,不仅要求有评估机制,而且要求评估事务法制化。

5. 房地产税被纳入国家或地区的整体税制中统筹考虑

前述各国和地区都非常重视房地产税收制度,但又都不是将房地产税收全部集中为一个独立税种。它们都是将房地产税制置于国家和地区的整体税制中,既有土地增值税、房地收益税、营业房屋税、物业税等主体性房地产税种,又有财产税、所得税、遗产税和赠与税等辅助性房地产税种。同时，还有财政收支分立法、土地法、房地产价值评估法等一系列法律制度相配套。所以，房地产税收法制改革不是单项工作，而是已经被纳入国家或地区税收法制体系当中全局考虑。这种全局统筹的观念是这些国家和地区房地产税收法制建设的重要经验。

6．各国政府和地方当局高度重视房地产税收的立法

上述各国和地区在数百或数十年的法制建设中，普遍形成了一套规范、严谨、可行的税法体系，其中包括房地产税收法制体系。比如日本制定了60多个有关房地产的法规，主要税法有《地方税法》《地方税征收条例》《租税特别措施法》《登录许可税法》等。韩国的房地产税法也相当完备，其法规主要有《关于抑制不动产投机的特别措施税法》《抑制不动产投机和稳定地价的综合对策》《土地过分利得税法》《开发利益回收法》等。同时，它们的税法条文相当具体，可操作性很强，基本上可以杜绝逃漏税现象。另外，各国和地区都对偷税逃税等行为规定了多重法律责任，如美国对未按期纳税者处以罚款，另按法定利率加计利息，并可留置财产权；英国规定，若房屋纳税义务人不按时申报或提供虚假资料，不仅要受到罚款处罚，而且还将被剥夺选举权。

（三）启示

1．征收统一的房地产税是财税制度改革的必然趋势

目前，世界各国和地区都十分清楚房地产税收的重要性，但是对于究竟是将房产与地产分开征税，还是将房产与地产

合并而征收统一的房地产税,并无统一的做法。据学界研究,当前较为普遍的现象是发展中国家和经济转轨国家较多将房地分开纳税,而发达国家通常都将房地合并,统一征税。① 分析其原因,主要是发展中国家资源价廉,房地产价格较低,房地产登记和评估体系普遍不完善,同时国家经济政策仍然以高速发展为目标,一时还难以将不同地区不同的房产和地产合并征收。因为"少税种、低税率",未必就一定能"宽税基、严征管",反而减少了税目,影响总体收入。发达国家或地区因为房地产价格已经普遍较高,有较为完善的产权登记和价值评估机制,将房产和地产合并征收,虽然减少了税目,但扩大了税基,提高了征收效率,因此正常情况下不会减少反而可能增加税额。可以说,房产地产分别征税,是当前发展中国家的普遍现象,也是一个国家或地区房地产税收制度发展的阶段性现象。将房地产合并统一征税,才是市场经济的发展方向,也是我国房地产税制改革的必然趋势。

2. 以"宽税基、少税种、低税率、严征管"为改革原则

一个成熟的税收体制,不在于多税种和高税率,而在于降低征税成本,提高征税效率,以效率换种类,以数量换质量,从而维持国家足额的财税收入。只有扩大税基,减少税种,降低税率,才能使国家税收法制被纳税人真心接受,从而提高征税效率,稳定财政收入。与此同时,必须严格征管,努力贯彻税法的公平原则,对恶意拖欠和偷逃税款的行为依法予以严惩。"宽税基、少税种、低税率、严征管",不仅是我国房地产税收法

① 郭文华,等. 国外不动产税收制度研究. 北京:中国大地出版社,2005:13.

制改革中应当坚持的原则,也是我国整个税收法制改革应当坚持的原则。此外,就房地产税收制度而言,前述各国和地区的经验已经表明,重保有、轻流转是税制设计的普遍规律,也是鼓励房地产在市场中的正常流动,抑制投机和炒作,实现房地产领域社会公平的成功经验,对我国改革和建设应当有清晰而现实的启示意义。

3. 重视配套的法制和政策体系建设

从统筹的角度出发,在我国房地产税收法制改革中,应当既要抓住房地产税制改革的中心,又要从整体财税法制的角度布局。在一体化考虑中,首先应当关注一些与房地产税制密切相关的制度建设,如房地产权属登记和价值评估制度。完善的权属登记、清晰的权利归属是确定征税对象和计税依据的前提。当今世界,由法定机关依法对房地产进行价值评估,由税务机关依评估价值对房地产征税,已经成为一种通行的征税方法。因此,建立健全房地产价值评估制度,规范房地产价值评估的主体、程序、方法、法律责任等十分重要。其次是土地出让制度的改革。土地经过出让而进入市场,这是整个房地产市场链条的起点。土地出让的方式和成本直接决定了以后各环节中房地产业的价值和价格,也直接影响着房地产税收。这一点在我国社会主义公有制下尤其重要。因为我国的所有土地都属于国家和集体公有,所有土地在进入市场以前都必须经历土地出让的环节。如何建立和完善土地出让金、年租金、土地出让时的招牌、招标或拍卖(简称"招拍挂")方式等制度,也是房地产税收法制改革中必须考虑的问题。此外,与房地产税收法制改革相配套,国家还应从宏观上考虑诸如中央与地方的财政收支划分、房地产税收在各级地方政府之间的分配、税务行政复议与税务行政诉讼的关系、严格税收征管与建立税务法院的必要性及可行性等问题。

4. 结合国情,建设有中国特色的房地产税法新体系

各国和地区的房地产税法既具有共同点,也有各自的特性。形成这种特性和差异的原因有经济制度、经济模式、经济发展水平的不同,也有政治、文化等方面的因素。所以,我国在吸取和参考市场经济体制比较成熟的其他国家和本国港台地区的房地产税收法制时,切忌一味照搬照抄,削足适履。特别不能忽视的是发达国家和地区的房地产税制也并非完美无缺,它们自身也处于不断的改革和调整中。

中国的房地产税制改革一定要在符合世界房地产税收法制的总体原则下,克服其他国家和地区的制度缺点,结合中国自身的特点,建设有中国自己特色的房地产税收法制新体系。所谓中国自身的特点,最显著的就是我国的市场经济建设是有中国特色的社会主义市场经济建设,房地产业的经营运作都是建立在一切土地属于国家和集体所有的社会主义公有制基础之上。

另外,中国的文化传统与西方国家不同,人们的现代税收意识不如西方民众强烈,对新税种的接纳程度和依法纳税的自觉性肯定与西方社会存在差异。在漫长的中国古代,契税几乎就是唯一的房地产税,这是针对房地产流转环节的税种。建国后,我国房地产税收法制又几经动荡,至今仍呈以流转税为主的局面。在这种历史与现状下,立即开征统一的房地产税收,变原来的“重流转、轻保有”为新的“重保有、轻流转”,

一时很难为社会大众所接受，推广起来会有相当难度。

此外，我国虽然经历近 30 年改革开放，经济水平有了很大提高，但全国至今仍以农业人口为主，城市化水平不高。中国文化中重实体、轻程序，重目的、轻过程的传统，是中国税收征管法至今仍不够完善的根本原因之一。中国自古崇尚人治，轻视法治，行政权与司法权、立法权不加分割，这也是导致中国税法体系仍然立法层次不高、以行政法规代替法律的深层次原因。在中国学习外部经验、改革自身的房地产税收法制时，中国所固有的或特有的文化传统及社会特色不会自行消失，都将有意无意地长期存在，应当认真对待。

第六章　建言献策
——中国房地产税法改革的建议与对策

经过近 30 年改革开放的发展和积累，我国经济体制和社会结构已经发生了根本的转型，社会主义市场经济体制已经基本建立起来。在此大形势下，国家和社会都必然要求对房地产税收法制进行相应改革。自 2003 年中共中央十六届三中全会作出选择适当时机开征物业税的决定后，房地产税收法制的改革势在必行。这场法制改革应当怎样进行？这是一个牵涉到千家万户、在全局上影响国家经济发展和社会稳定的重大问题。

自从有了人类文明以来，“住”就被视作人类生存生活的基本条件之一。“1981 年 4 月在伦敦召开的国际住宅和城市问题研讨会上，通过了一部很有影响的《住宅人权宣言》，《宣言》将‘享有良好环境，适宜于人类的住所’，确认为‘是所有居民的基本人权’。”①保障这种人权，就要实现“居者有其屋”的目标。如何在国家税法领域促进和达到这个目标，正是本书的研究和探讨的主题。

---

① 金俭. 中国住宅法研究. 北京：法律出版社，2004：54.

一、改革目标

正如前章所述，美、英、法、日等国及中国港台地区都将房地产税收法制建设纳入本国或本地区的经济和整个法制背景中作一体化考虑，我国房地产税收法制改革也牵涉到税收、经济、政治、文化等社会多方面多领域。在我国当前的房地产税收法制改革中，首要的是确定这场改革的基本目标。

陈锦洪先生将我国房地产税制改革的基本目标归纳为“结构优化、功能强化、规模壮大、制度简化”16个字。[①] 国务院发展研究中心曾和美国林肯土地政策研究院联合开展过中国不动产税改革课题研究，对我国房地产税收制度改革的目标、内容、实施方案等作了完整而详细的报告。结合上述研究成果，以及其他相关论述，本书认为我国房地产税制改革的基本目标可确定为：税制简化、结构合理、功能完善。

（一）税制简化

税制简化，就是要精简房地产税收领域的税种，该取消的取消，该合并的合并。通过简化税制，改变目前房地产领域税种过多，税制过于复杂的状况。过于复杂的税制，必然会导致各税种间权利界限不清，互相重叠交叉，计算和征收复杂化等问题。这些问题既增加了税款征收的成本，又不利于纳税人明了纳税义务、操作方法和程序，不利于纳税人适时适量地完

① 陈锦洪. 试论我国房地产税制改革. 扬州大学税务学院学报，2003，8（2）：11.

纳税收和利用税法维护自身的合法权益。可以说,过于复杂的税制降低了税法实际贯彻实施的效率,也容易导致偷税漏税和侵犯纳税人的合法权益,税种间的重复还会增加纳税人的实际税负。另外,在我国房地产领域大量存在的行政性收费更加剧了税收征管的复杂性。税制简化的目标还应包括清理整顿这些收费项目,属于基本行政服务范畴的业务就不应再让纳税人缴费购买服务。大幅度减少行政收费项目,既减轻纳税人的负担,又简化税制,改进行政作风,提高税收效率,降低征管成本。

(二)结构合理

结构合理,就是房地产各税种之间要权限分明,配套合作,既不重叠交叉,增加纳税人的负担,也不留下空缺,减少国家财税收入。合理的税制结构应该在保证国家财政收入的基础上,还能提高土地和房产资源的利用效率,促进房地产市场的健康发展。在税收负担的分配上要改变目前房地产税收制度重流转、轻保有,税基不宽,税款流失严重的缺点。要通过加大占有房地产的税负,提高房地产的保有成本,特别是提高以投机为目的保有房地产的成本,从而起到减少房地产资源闲置,促进土地资源有效利用,在一定程度上有利于抑制房地产投机行为。在税基设计上,房地产税制要扩大税基,拓展税源,考虑将农业用地,农村房产,政府、机关、部队房产等都纳入统一的房地产税征纳范围。尽可能少地设立法定减免房地产税对象,尽可能扩大房地产税基,减少税款流失,争取房地产税收的高效率高收入。另外,合理的房地产税制结构能将政策的现实性和预测性相结合,立足现实,兼顾长远,为根据国家经济形势而及时调整税制，留下转换空间。

（三）功能完善

功能完善，指房地产税收要在为提供公共产品筹集资金的基本功能基础上，适当地发挥税收的特殊作用，合理地增强和完善这一税收的其他功能。在筹集资金的基本功能上，应将服务地方财政作为首选目标。房地产税因为其税基的稳定性、区域性、持久性，以及税收供应者和公共服务受益者之间的明确性与对应性，决定了它作为地方税的归属。所以，房地产税收的首要功能应当是支持地方财政，服务地方经济。从我国目前的现状看，这种目的性尚未明确，今后应该在立法和执法中得以加强。目前，我国无论是经济发达地区，还是经济欠发达地区，直接以房地产为课税对象的税收收入，在地方财政中并未占据显要地位。例如，2002 年我国房地产税的税收收入“在沿海经济发达地区、中等发达地区和经济欠发达地区地方本级财政收入中的比重分别是 5.20%、4.90% 和 5.21%”，而美国的房地产税收“占地方政府财政收入的比重在 70% 左右，多数征收不动产税的国家中，这一比重也在 40% 以上”。① 另外，房地产税还应充分发挥其主要针对纳税人占有、使用和收益的房地产财产额征税的特点，在调节社会收入分配，促进社会公平，减小贫富差距，维护社会稳定等方面发挥作用。当然，为地方政府提供公共产品而筹集资金，即“聚财功能”，是房地产税收首要的、基本的功能。利用税收杠杆，调节财富分配的功能，即“调节功能”，应当在保证完成聚

① 谢伏瞻. 中国不动产税制设计. 北京：中国发展出版社，2006：41.

财功能的前提下进行。因此,要严格遵守税收立法程序,慎重利用房地产税收的调节功能,不能本末倒置。

二、改革税收立法权

针对本书所指出的我国税收制度在立法权方面存在的不足,以及国外及中国港台地区房地产税收法制及其立法权的介绍,本书提出我国税收立法权应遵循下列原则进行规范和完善。

1. 制定税收基本法,对税收立法权作出统一规定

为了进一步规范税收立法权,充分发挥税收立法权在资源配置方面的重大作用,一个国家必须由法律对税收立法权问题作出统一的、明确的规定。对于究竟应由《宪法》《立法法》,还是另立税收基本法来承担这一任务,世界各国有不同的经验。我国已在1995年将税收基本法正式列入了全国人大的立法计划,并且已经组成了几个税收基本法起草小组,正在制订法律草案。我国已经决定选择单一的税收基本法的立法模式。该法律一旦制定生效,将成为我国规范国家税收问题的宪法性文件,在国家的税收法律体系中具有最高的法律效力,是全部税收立法的来源和依据。届时,该法律作为税收立法的主导文件,应当明确国家可以对哪些行为、哪些财产征税,如何征税,以及税权在不同机关、不同层级间应如何分配等基本问题。日本、韩国、俄罗斯等国家的税收立法实践表明,以税收基本法形式规定税收立法权等税收基本问题,与宪法形式相比具有同样的法律和社会效应,是切实可行的。

2. 秉持法律保留原则，坚持主要立法权归中央

法律保留原则，即一个国家主要立法权保留于中央统一的立法机关，其他机关不能拥有或不能过多拥有立法权的原则。目前，世界各国在税收立法权的划分问题上并没有统一的标准。但无论分歧如何，有两点是共同的。第一，在权力机关和行政机关的横向分权问题上，无论是采取权力机关独享模式的国家，还是采取各机关分享模式的国家，均秉持税收法律保留原则，奉行权力机关中心主义。第二，在中央和地方纵向分权问题上，无论是联邦制国家，还是单一制国家，税收立法权均在中央和地方间进行适当划分和科学配置。

我国也应当借鉴这两种国际经验，结合我国的实情，既对税收立法权的分配格局进行全方位的调整和重构，同时还应当坚定不移地贯彻《立法法》关于税收基本制度只能由全国人大及其常委会制定，国务院就税收基本制度立法必须取得全国人大及其常委会授权的基本原则。即使是作为地方税主体的房地产税收，其税收要素的立法权也应当保留在中央立法机构，因为地方税（包括房地产税）税权划分与国家的政体和政府间财政体制有密切关系。目前，我国的政府间财政体制尚处于探索和改革过程。不同经济发展状况地区的人均可支配财政资源存在明显差异，一些经济发达地区的人均可支配财政资源远远高于全国平均水平。在这种状况下，如果采用完全分散型立法体制，将房地产领域的税收立法权全部赋予省级地方政府，有可能出现经济发达地区因为有其他替代税源而不征或少征房地产税，经济欠发达地区却因税源不足、房地产又为社会大众生活所需而开征甚至高税率开征的不公平

现象。“所以能否将不动产税的税收立法权赋予地方政府，要考虑整个政府间财政体制的完善状况。只有在政府间财政关系基本理顺和不同地区间财政供给基本达到均等化的基础上，才能考虑适当下放地方税包括不动产税的税收立法权问题。”①现阶段，我国仍应将大多数税收立法权，包括房地产税收立法权保留在中央。

当然，在中央立法中又存在中央国家立法机关（全国人大及其常委会）的立法和在其授权下由国家行政机关（国务院）的行政立法。税收法制和其他行政法制一样，因为与经济现实紧密联系，所以具有灵活多变性，需要根据经济和社会的发展及时调整修订，因此由国家立法机关授权国家行政机关进行有关税收（包括房地产税）的行政立法必不可少。

在我国现行的税法中，全国人大及其常委会制定的法律只占很少部分，大量的税收制度散见于国务院的行政法规、国务院部门规章和国家税务总局、财政部的“通知”“办法”等红头文件中。国务院各部门在制定部门规章和行政文件的过程中，其立法程序和立法性质决定了这些法律规范带有典型的行政色彩，并且可能存在难以照顾到基层民众切身利益的局限性。目前，一方面需要提高房地产税法的效力层次，由人大参与税法的制定和修改工作，尽量规范或减少行政立法。另一方面，也必须意识到税收领域行政立法的必要性。对税收行政立法加强法制化管理的正确方式是：除坚持法律保留主义，将大多数税收立法权保留于国家中央立法机关外，同时应积极争取进一步改进和完善授权立法机制，要对授权事项要

① 谢伏瞻.中国不动产税制设计.北京：中国发展出版社，2006：95.

有所限制，改变以往过于笼统的授权；加强对授权立法后的事后监督和制约，利用备案、批准、撤销、裁决等制度，纠正授权立法中的违法行为，确保授权立法合法、有效。特别是在条件成熟时，应及时将授权立法通过立法程序上升为法律，避免长期以国务院授权立法调整税收法律关系，以加强税收法律的严肃性。

3. 扩大地方税收立法权，建立税收立法制衡机制

坚持法律保留主义和中央立法权，并不是绝对地中央集权。如房地产税等特色明显的地方税，其征管制度在坚持全国统一的基本原则下，要兼顾到各地区的不同特点，允许地方立法机构和行政机构在国家统一税制的前提下，结合本地特点，适当地进行地方立法。单纯依靠宏观的全国统一立法，将既不利于地方政府根据本地特点，调整经济政策，化解地方房地产建设和供给的矛盾，也不利于调动地方政府的征税积极性，有损于全国的税法执行和财政收入增加。因此，在坚持法律保留主义和中央立法的前提下，可以适当扩大房地产税收的地方立法权。可以考虑将税种开征、停征权，税目、税率决定权等集中于中央，将部分政策调整权下放给地方。如由全国人大授权省级人大制定各省的房地产税实施细则，在中央所定的幅度内，享有调整税率、税收减免等权限；由各地区省级政府根据当地经济状况，因地制宜地选择本地区税率和具体征管措施，合理制定起征点或免征额以及税前扣除项目标准等地区性的优惠政策。

为了维护中央的税收立法权和全国税收法制的统一性，在适当下放房地产等税收立法权的同时，还应建立税收立法

的权力制衡机制。规定地方制定的税收法规、政策必须上报中央备案。凡与国家法律、法规相抵触,国家最高权力机关、国务院和国家税务总局都有权将其撤销或变更。

三、改革税收实体法

(一)“明租、正税、清费”的基本方向

1. 政府确立基本方向

我国房地产税收体系的改革重点是税收制度的建设。因为目前税收与租金、行政及事业性收费相混杂,严重挤压和影响着税收制度的实行,所以税收体系的改革首先应在制度上理清租、税、费之间的关系,创造良好的外部环境,为税收体制顺利改革清除障碍。在这方面改革的基本方向就是“明租、正税、清费”。

中共中央十六届三中全会正式决定:“实施城镇化建设税费改革,条件具备时对不动产开征统一规范的物业税,相应取消有关收费。”这是中国最高决策层对房地产税收体制改革的明确表态,取消多余和不规范的行政及事业性收费,开征统一的物业税。2005 年 2 月,国家税务总局、财政部、国务院发展研究中心、中国人民银行等有关部门就国务院发展研究中心历时 1 年完成的《中国房地产税收政策研究报告》进行研讨。研讨会非常明确地传递出一个信息:政府目前正在积极推进我国房地产新税制的改革,其基本方向是“明租、正税、清费”,开征统一规范的物业税势在必行。同时国务院发展研究中心表示,我国 2005 年将就新的税制进行设计,并将选择合适的

城市进行模拟试点运行，为最终出台物业税提供决策基础。

2．明租

“明租”主要针对整个房地产税制的第一步——土地取得环节，即国家在出让土地时所收取的土地使用权出让金。这笔经费目前各地所采用的名称未加统一，性质也未加明确。伴随这种混乱的收费现象而来的是收费主体、收费决定权、收费标准、收费程序、收费后的所有权和使用权不规范。地方政府为了争取一时的业绩或缓解一时的财政困难，往往急功近利，低价或不规范地出让土地，而给以后几年乃至几十年、上百年的地方经济发展埋下隐患。据报道，中央财政也曾经试图从地方土地出让金中分拨份额，但最终不得不从50%的预期份额降到了5%。财政部财科所的一项研究表明，中央财政实际上连地方土地出让金的3%都拿不到。[①] 首先在理论上明确土地使用权出让金的国家地租性质，然后在制度设计上明确这笔经费的收取主体、对象、标准、程序、权利归属等内容，这是今后中国房地产税收体制改革的一大任务。

“明租”的基本制度设计应该是确立土地地租制度，改土地出让金批租制为土地出让金年租制。其具体内容在下文的“设立土地年租金”中再行阐述。

也有学者主张取消现行的土地出让金，将其统一归入物业税，从房地产取得环节转嫁到房地产保有环节，以进一步降低房地产开发商在土地取得环节的经济负担，进而降低目前居高不下的中国房价。这种思路值得商榷。本书在第四章

① 贾康．关于中国房地产税费改革的基本看法．涉外税务，2006(7)：5．

“二、实体方面”已经对租、税、费、捐、赋、役各种经济形态的法律属性作了详细分析，认为在我国土地公有制体制下，房地产领域的土地所有权一律属于国家。因此，所有的土地类税收和土地出让金，本质上都是纳税人或缴费人占有和使用国家土地而向国家缴纳的地租。将来开征的物业税和现行的房产类税收一样，都是基于业主对房产的所有权而产生的税收，因此区别于国家地租性质的土地类税收和土地出让金。所以，不能将两种性质根本不一致的土地出让金和物业税强行合并。

此外，收取土地出让金（不管是一次性的批租制，还是多次性的年租制）也是当前国际上市场经济发达国家和地区房地产税收体系中的一种通行做法，如中国香港地区就采用一次性土地批租制。当今世界，无论是批租制还是年租制都不乏成功的先例。我国经过 20 多年的改革探索，已经初步建立了土地出让“招拍挂”的市场竞争方式。虽然这种方式目前还不够完善，但无论从理论上，还是从实践上，都符合建设社会主义市场经济体制下土地使用权出让方式改革的大方向。政府在这方面所要做的是怎样进一步科学改进和落实“招拍挂”出让方式，而不是将其废止。更何况，如果取消土地出让金制度，即使将其并入物业税，房地产企业在取得土地的第一环节上没有了市场竞争机制，那么房地产开发将怎样开始呢？重新回到以前计划经济体制下的行政划拨？这肯定不符合市场经济建设的改革方向。而且，缺乏竞争机制将无法保持较高和较严格的准入门槛。虽然改革必定要引发对既有体系的冲击，付出代价和成本，但是应当力争以较小的代价和成本推进改革。总之，在还未找到比土地出让金制度更有效、更适应市场经济要求的土地供给机制前，取消土地出让金制度既不符合理论逻辑，也不符合实际运作。

3．正税

“正税”的总体目标是修改税收实体法，调整房地产税收制度，建立以物业税为主体的房地产税收新体系，并在新体系中贯彻“宽税基、少税种、低税率、严征管”的基本原则。本书已在第五章中对“宽税基、少税种、低税率、严征管”的内容作过详细阐释。只有贯彻这些原则，才能使国家在房地产税收种类不多，税率不高，税负不重的情况下，通过宽广的税基和高效的征收管理，取得较高、较稳定的财政收入。这在实质上体现了一种以基础换种类，以效率换税率，以质量换数量，薄利多收的税收征管理念。

4．清费

当前，我国房地产市场价格居高不下的主要原因是开发建设成本过高，其中收费尤甚。建议将一部分必要的收费改为纳税或收租（如将属于土地租赁关系中的违约金性质的土地闲置费纳入土地年租金；将属于地租范畴的土地使用费纳入地租体系；将实为地租性质却易与行政性收费混淆的土地出让金改为土地年租金），取消不规范的行政性收费，即使少数必要收费也应纳入地方财政预算内管理，减少重复征收现象，并由税务机关统一征收，形成集中征收、集中管理、分头开支的管理体制，加大政策的透明度，简化和严格办事程序，提高办事效率。这样，一方面可以保证地方政府的财政收入，另一方面又能降低房地产开发建设的成本，有利于房地产业的健康发展。

（二）合并地产和房产两类税收

改革我国现行房地产税收体系，主要应着眼于两个方面，一是从整体上合并房产和地产两部分的税收成为房地产领域统一的独立的税种（如物业税），并将其作为地方政府的主要财政收入来源；二是借鉴世界上发达国家和地区的经验，将房地产税收从现有的“重流转、轻保有”模式调整为“重保有、轻流转”模式，构建国家新型房地产税收体系。

目前，房产税和土地类税收在我国是两种相互独立并行的税种，这种状况会引起不少弊端。两税分立，从税法上就需各有一套纳税主体、征税对象、税率、征收管理等，这无疑增加了征税的成本。因此，把房产税和土地类税收合并，即征收统一的房地产税（或称物业税、不动产税），是当今世界多数发达国家，如美国、法国、英国、加拿大、瑞典、包括我国香港地区的普遍做法。之所以两税合一，是因为房产和地产同属不动产，实践中它们必然结合在一起，不可分割。尤其是房地产交易时，房地两部分总是被合并进行整体交易，对它们分别征税完全没有必要。因此，房税地税合一是避免重复交叉征税，从而降低征税成本，体现房地产内在特征要求的有效途径。

（三）设立土地年租金

将“正租”理念转化为实际制度的基本设想是要通过法律明确规定目前各级政府出让国有土地使用权所收取的土地出让金，或是将来逐年收取的出让收入（土地年租金）是政府出租土地使用权所得到的租金，即国家地租。为了保证这笔作为社会主义公有制集中体现的重大财产的取得、保存和使用的合法性、正当性，必须完善土地出让的"招拍挂"制度，加强土地出让程序管理，增强土地出让过程及地租收入的透明度；必须通过加强预算法的贯彻实施，依法明确和保证这笔财政收入的保存和使用程序及方式；同时，还必须依法加强各级国家权力机关对这笔国家财政收入的保存、计划、使用等全过程监督，保证这笔资金取之于公有土地，用之于公共利益。

1. 实行土地年租制的主要优点

实行年租制的优点主要体现在：

第一，有助于实现享受服务的权利与缴纳租金的义务之间的对等。租金，即承租人因享受租赁物的利益而依照契约向出租人支付的对等报偿。作为支付土地年租金的房主，当然要从出租土地的国家处获得占有并使用租赁土地的利益。租赁一年，支付一年；支付一年，占有和使用一年。双方始终保持对等。一次性的土地出让金显然不能体现这种对等性，只有年租制方可弥补此缺陷。

第二，实现土地财政收入和利用时间与程度的对等。目前的土地出让金制度把土地应当在以后几十年内产生的收益一次性收取，实际是把属于以后历届政府的财政收入提前到本届政府中使用。这是典型的急功近利、竭泽而渔，是只顾眼前政绩、不顾未来生存的短期行为，给地区和国家的可持续发展和长远规划埋下了隐患。由于土地资源的唯一性和不可再生性，随着能够用于出让的土地逐年减少，以后各届政府的地租收入也将不断减少，真正成为寅吃卯粮，坐吃山空。采用年租制则能解决这种政府对有限的土地资源提前消费的问题，保证依靠土地的财政收入和对土地的利用时间与程度的对等性。同时也能促使地方政府领导班子积极出谋划策,多渠道多方式地发展地方经济,而不是靠出让国家的土地应付任期内工作,甚至导致以权谋私,滋生腐败。

第三,体现土地的真实市值,实现级差归公。土地作为不可再生的稀缺资源,其价值在通常情况下随着时间增长而增长。但是,现行土地批租制无法准确核算土地在未来几十年内的市场价值,更无法将其一次性收清。即使能一次性收清,让开发商(最终是消费者)一次性预缴几十年的费用,无论是在法理还是情理上也都难以成立。实行土地年租金制度,使得开发商和消费者逐年享受国有土地使用权,逐年缴纳相关租金,才可以体现出权利与义务的对等和公平。另外,土地年租金以土地评估价值为基数,能够真实地反映土地随着时间推移而逐步增加的市场价值,即土地级差。其增加的市值通过租金缴归国家,做到级差归公,实现土地价值在出让后保有阶段的公平。

第四,有助于促进房地产售价趋向合理。虽然采用土地批租制,政府一次性收取的地租是由受让土地者支付的,但地租最终会分摊到房地产售价中,由购买房产者负担。采用批租制,将几十年的租金一次性收取,其结果必然是土地取得和开发成本猛增,导致开发商抬高售房价格,最终除了政府得益,开发商分成外,只能是消费者负担增加,不利于房地产业的健康发展。

2. 实行土地年租制产生的问题及解决途径

当然,实行年租制也将面临一定的财政困难,会引起早已习惯于批租制的地方政府财政收入大幅减少，影响地方财政一时收支平衡和地方公共产品供应，同时也会产生较大的征管成本，使地租收入监控难度增大。但这些问题并非无法解决，其理由是：第一，从长远来看，地方政府应当通过调整财政收支结构，使其财政支出规模建立在真实合理、有利于地方经济持续发展的财源基础上，同时，随着房地产税制改革和地租管理的逐渐规范，地方财政收入也将呈不断增长。从短期来看，地方政府可采取发行地方市政建设债券，借助资本市场融资，弥补由于地租收入锐减造成的财政困难，以保证地方公共产品的正常供应。第二，通过完善土地年租金制度，赋予财政部门对房地产拥有一定的财产留置权，采用由税务机关代收（一般连同其他房地产税征收）等方法，有效降低地租的征收成本和确保地租收入。

（四）开征统一的物业税

1．物业税的起源和名称

物业税，其实就是保有阶段的房地产税。之所以目前暂定名称为物业税，原因主要有两点：一是我国现存房地产税收体制中已经有房产税、城市房地产税，如果新税种仍称房产税或房地产税，难免会造成混淆；二是香港已有成熟的物业税。据报道，采用物业税的名称是受香港的影响，虽然中国大陆所要开征的物业税在制度设计上未必与香港的物业税完全一致。① 也有学者主张将其称为不动产税，或直接称为房地产

① 贾康．关于房地产税费改革思路与要点的认识．上海财经大学学报，2005，7（4）：4．

税。国家税务总局税收研究所所长刘佐先生就直言："我建议我们不再使用物业税，而使用不动产税，或者是房地产税。不动产税是我们比较标准的法律语言，从中国人的习惯来讲，用房地产税可能更通俗一些。"①但是，从2003年以来，受十六届三中全会决议的影响，物业税的名称已经在实务和学界广泛使用，所以本书仍按常规使用"物业税"名称。

2. 物业税的制度构想

目前，关于物业税制的基本构想是开征物业税，以其取代现行的房产税和城市房地产税，取消土地增值税和城镇土地使用税。具体税制可从下列方面考虑设计。

（1）征税范围。根据"宽税基"的原则，物业税的征税范围应包括我国境内尽可能多的房地产，不再区分城市和农村，也不再区分产权拥有单位（人）的性质。对现行房地产税、土地使用税暂行条例中的税收优惠对象应重新划分。从我国国情出发，按照量能纳税的原则，尽可能扩大征税范围，拓展税基。特别是近几年来我国私人拥有住宅量突飞猛进，更应该在一定条件下将私人居住用房纳入征税范围。对私人住房的征税，既能够增加地方财政收入，又能调节社会财产分配，并为今后出台遗产税和赠与税做准备。

（2）纳税人。物业税以房产产权的所有者为纳税义务人，包括法人和自然人。房屋产权所有者包括生产经营用房屋产权所有者和住宅用房屋产权所有者。房产产权不明确

① 刘佐.不动产税的目标//谢伏瞻.中国不动产税制设计.北京：中国发展出版社，2006：170.

时,以实际使用人为物业税的纳税义务人。

（3）计税依据。物业税以房地产评估价值为计税依据。我国应建立房地产定期评估机制,使物业税具有增长弹性,以体现房产和土地的增值,体现城市设施、环境改变以后对物业税形成的级差收入。因此,在物业税制度设计的同时,与土地和房管部门联合,建立房地产定期评估机制,使物业税能够对房地产市场价格起到有效的调节作用。

（4）税率。市场经济发达国家的财产税比重平均在8%左右,美国财产税占税收总收入的10%。我国纯财产课税占税收总收入的比例仅为发达国家的1/3。根据我国的实际情况,可以通过扩大税基,合理确定税率以提高物业税在整个财产税收中的比重。其税率可以确定为有幅度的比例税率,由中央统一确定税率范围,实行国家对经济的宏观调控。学界通常认为税率可设定在0.3%~0.8%之间。① 在这个范围内,地方政府根据经济发展情况,可以立法确定各地(省级范围)的合理税率。浙江财经学院吴利群教授经过动态测算和模拟开征法分析后认为,在保持税制改革前后总的税负水平基本维持不变的前提下,“将新的房地产税税率定为0.6%是合理的”②。总之,无论最终国家确定的具体税率是多少,都应当使物业税的税负水平保持在现有房地产税收的总体水平,再根据具体情况加以调整。

（5）减免税。为保证居民基本住房的需要,物业税可规

① 谢伏瞻.中国不动产税制设计.北京:中国发展出版社,2006:5.

② 吴利群,王春元.我国房地产税税率设计及税负测算分析.广西财经学院学报,2006,19(2):14.

定有限的减免税条款,但不能违背"宽税基"的原则。对居民拥有的自住房屋的一定价值,可以考虑予以免税,超过免税价值部分,可采取超额累进方式予以征税。对于国有房地产,用于公共事务或从事非营利活动的房地产可以免税。用于营利活动的应一律依法征税。物业税减免应采用申报方式,即使符合享受减免税条件的纳税人也必须在规定的期限内向主管税务机关申请,提交相关证明,经税务机关审查后,方可合法减免税。

3. 物业税产生的问题与解决途径

当然,物业税不是房地产税收制度改革的灵丹妙药,不能解决房地产税收及房地产市场的所有问题,而且,在开征物业税之前必须先扫除业已存在的障碍及着力解决开征物业税可能产生的新问题。对此,安体富先生认为应当考虑三个要点:一是物业税能否有效抑制房地产市场的"圈地运动",即囤房问题;二是物业税与人民群众的经济承受能力问题;三是现在已经出售或已有的旧房如何征收物业税问题。①

(1) 开征物业税,能否有效抑制土地投机。从理论上说,对土地保有环节征税,一方面会增加土地保有的成本,从而减少土地闲置;另一方面又会降低土地收益,从而也会降低土地经营者的收益预期。这两方面作用应该能有效地打击土地投机活动,抑制"圈地运动"。但也有学者认为,物业税的开征和土地年租制的实行,除了上述两点结果外,还会降低房地产开

① 安体富,王海勇. 重构我国房地产税制的基本思路. 税务研究,2004(9):8-11.

发商的从业“门槛”，使其可以用较为低廉的价格取得土地。此外，由于成本的降低还会导致房价的下跌，因而又会刺激社会大众为改善生活或为资产投机的购房需求。这两方面因素最终很有可能会使市场对土地的需求增加，使地价进一步升高，诱发了开发商“炒卖地皮”的动机，从而引发更为疯狂的“圈地运动”。

但是囤积房产和“圈地运动”只是一种理论上的推导。开征统一的房地产税后，确实减少了房地产开发阶段的税费，降低了开发商取得土地的成本，但是消费者的购房需求是否会因物业税的开征和土地年租制的实行而降低或升高，及其影响房地产市场的程度，尚待进一步考察。长期来看，土地年租制的实行能够大幅降低房价，从而使得更多的人买得起房。但是，物业税的开征增加了人们的支出预期，“能买得起房，但是否能养得起房”会成为另一关键因素。短期来看，尽管房价有所降低，但由于信息不对称，购房者无法判断房价的未来走势，有可能持币待购，所以短期需求状况也难以判断。至于投机行为能否盛行，一方面物业税的开征使开发商“囤积居奇”的机会成本大大提高；另一方面“门槛”的降低，又使得市场竞争更为激烈，市场信息更为充分。综合而言，在土地交易市场规范的前提下，投机活动将更为困难。但是，土地交易市场中存在的暗箱操作、权钱交易和寻租等现象，不是单纯地通过税制改革就能解决的。开征物业税有利于促进房地产市场的公平规范，但不可能解决房地产市场的所有问题，如投资过热，价格过高等。

（2）开征物业税，是否会超出大众的经济承受能力。我国物业税开征的目的：一是调控房地产市场；二是满足一般老百姓的购房需求。为此,我们可以仿效美国的物业税制度,对于自用房屋,采取一家人拥有第一套房屋免税、第二套房屋缴税的方式征收,且在购买第三、第四套房屋时较大幅度提高税率。这样既有利于普通老百姓购房,又能对房地产市场过热起到抑制作用。

基于我国目前尚处于城市化发展阶段的国情,城市进程的日益加快对于中小城市的土地增值将产生巨大的促进作用。为此,随着每年城市的发展和地价的升值,物业税必然随之提高,从而居民的消费负担增加。所以,我国可以采取加拿大的物业税政策,取 3 年(或 5 年)内房地产估价的平均值作为税基,对于持续增值的房地产,用于计算平均值的年数越多,税基越小,相应缴纳的物业税越低。这样,可以避免在物业税新政实行初期给社会造成太大的冲击,也有利于我国居民以比较合理的税负获得住房,实现居者有其屋。

(3) 开征物业税,对现有房产如何征税。对城镇房地产开征统一规范的物业税,会将原来并不需要缴纳物业税的居民用房并入纳税范围。以前,旧房拥有者在进行购房决策时,物业税并没有作为一种支出预期。另外,因为土地批租制已经实行了 20 多年,目前相当数量的房地产已经一次性交纳了多年的土地出让金,使得目前的买房人已经负担了多年的土地年租金。若实行统一的物业税,已经购房者和购买新房者都需逐年交付土地年租金(蕴含于物业税中)。此时,已经购房者是第二次缴纳土地年租金,其实际税负显然高于新购房者。在这种情况下,如果不加区别地对新房、旧房一律征收统一的物业税,显然是对已经购房者财产权利造成侵犯,有违税收公平原则。

安体富先生主张,解决对旧房子征税问题的一个办法是对原有居民用房进行评估时,要考虑到货币的时间价值,把将一次性缴纳的土地出让金科学、准确地换算成土地年租金并加以扣除,然后对房地产评估价格适用较低的税率。另一个办法是"述而不作",即在规定的一段时间之内对原有的居民用房只评估而不课税,通过这种"公开讲话"的方式调节房地产投资,从而减少原有居民用房承担的税负。① 这两种方法各有千秋,在欧美国家开征房地产税(物业税)时都曾经有所使用。

4. 开征物业税的步骤

虽然中央已经明确在适当的时候开征统一的物业税,但并没有制定开征的时间表。近几年来,根据房地产界国家政策实施的实际状况(如国家虽然屡屡运用税收、加息等宏观调控政策抑制房价过快上涨,但是始终未能发挥实效),多数专家主张暂时缓征物业税;即使开征也应该有顺序有轻重的逐步试点推行。

一般认为,物业税大致分三步逐渐开征,是比较合理的。第一步,在近期内,先针对出租房开征。对于大多数业主而言,出租房不是他们的生活必需用房,只是增加财富的手段。对这部分住房征税,不仅不会增加业主和大多数普通市民的生活负担,而且还增加住房投机的成本,适当控制房价。这一步在实施中的主要问题是怎样准确区分房地产的出租行为和自住行为。第

---

① 安体富,王海勇.重构我国房地产税制的基本思路.税务研究,2004(9):8－11.

二步，在中期内，针对自住房屋中的高档住宅，如别墅、排屋、高档公寓等开征物业税。这一部分房地产在全部房地产份额中所占比重不大，而且居住者都为高收入阶层。富人多纳税，通过税收的方式将从社会上取得的财富再次分配，还原给社会，这种税制理念符合税收公平的基本原则。第三步，在长期时段上，在各方面条件成熟后，再开征面对全民的物业税，平稳地推进中国房地产税制改革。

（五）取消城镇土地使用税、耕地占用税和土地增值税

城镇土地使用税、耕地占用税和土地增值税在房地产税收领域一直是备受争议的三个税种。许多学者和实务界人士都呼吁将这三个税种予以取消。而在国家越来越重视税收对房地产市场的杠杆作用，屡屡动用税收政策对房地产市场加以调节时，这些税种特别是土地增值税又更加受到了重视。如自2006年底起，北京、上海、南京、杭州等大中型城市都遵照财政部和国家税务总局的指示，加强了对房地产开发企业的土地增值税清算，并陆续对个人转让二手房行为征收土地增值税。就长远的趋势而言，本书依然坚持取消这三项税种的观点。

1. 三项土地类税收的缺点

本书认为我国目前的土地出让金和所有的土地类税收（包括城镇土地使用税、耕地占用税、土地增值税，以及已经被废止的农牧业税）都属于国家租金，而不是国家税收。

我国现行的城镇土地使用税虽然在法律意义上是一个独立的房地产税种，但征收该税的最初目的却定位于“调整土地

级差收益的分配”，这显然改变了它从城镇房地产税中分离出来之前所具有的财产税性质，而增加了包含租金的属性。同时，由于实行定额税率，无法显现土地随时间变动后的真实价值以及中央和地方政府合理分配土地租金的机制，使得该税种难以实现当初的立法目的，因而从理论到实践均有改革的必要。

耕地占用税是一种具有行为税特征的不规范税种，其目的在于促进土地资源的合理利用，加强土地管理，保护农业耕地。但是，该税种实质上与土地出让金重复，属国家收取的土地租金，而且税率偏低，每年征收税款数额十分有限。另外，该税是对耕地占用行为的一次性课征，不能体现土地使用权出让后的价值变化，更加降低了市场调控的作用。因此，耕地占用税的实际意义不大，失去了继续存在的必要。如果政府仅仅是为了杜绝耕地的滥用，完全可以采取更为直接有效的法律或行政措施。

按照《土地增值税暂行条例》的规定，该税自 1994 年 1 月 1 日起开始征收。但是，许多地区实际并未开征，即使有开征其课税效果也不理想，本该收归政府的土地增值收益大量流失，借助于土地增值税抑制土地投机的政策意图没有实现。土地增值税开征十余年仍然效果不佳，除了地方政府和税务机关对该税种重视不够、征管不严等主观原因外，客观上税制设计过于复杂，难以取得作为计税依据的增值额，税率层级过多，增加了课税的成本。

2. 建议取消三项土地类税收

建议取消城镇土地使用税和耕地占用税，国家应将这部分减少的收入分别纳入一次性的土地出让金或多次性的土地年租金中,并使土地使用者支付的地租或地价充分体现出土地使用权的供求关系和土地利用效益。在土地增值税实际征管成本过高、征收较难的情况下,政府应加强土地出让法制的建设,使"招拍挂"方式覆盖土地一级市场,适时取消该项税种(特别是在开征统一的物业税以后)。

(六) 开征遗产税和赠与税

遗产税制按课税主体来划分,通常分为总遗产税制、分遗产税制和混合遗产税制三种形式。总遗产税制是按被继承人死亡后遗留下来的遗产总额课税。课税主体只有一个,一般是先完税后分割财产。总遗产税制易操作,易控管,征收成本低。目前美、英、新加坡等国和中国台湾地区都采用总遗产税制。分遗产税制是按各个继承人继承的财产数额课税,又称为继承税。它有多个课税主体,其特点是照顾不同的继承人在被继承人生前积累财产中,可能所起的不同作用,以及付出的不同义务,差别对待,较为合理,但计算与征收管理比较复杂。实行这一税制的有德国、日本、韩国等。混合遗产税制是先按遗产总额课征遗产税,再分别按继承人继承的财产额征收继承税,这种计税方法复杂,税收负担重,但税源得到全面控管。实行这一税制的有意大利、加拿大等国家。考虑到目前我国有关财产继承方面的法律不健全,征管手段和配套措施落后等情况,应当先考虑实行低成本、高征管效率的总遗产税制,同时增设赠与税作为遗产税的从税。

遗产的核实、估价及遗产税和赠与税的征收管理,需要较强的征管力量。在目前我国遗产税还未被大众所接受的情况下，全面开征该税收难度很大，需要税务人员有较高的业务水平和专业知识，需要足够的人力、物力，同时税收成本高，而且税收规模小，税源有限。但是由于房地产有健全的财产登记和转让制度，在房地产的所有权转移时开征该税难度小，征收方便且成本低，我国可考虑先在房地产财产上开征此税。

鉴于我国国情，可将遗产税的起征点暂定为5万元或10万元，以后随着经济的发展，物价水平的变化，再作相应的调整。税率实行超额累进税率，但级次不宜过多，应遵循级距大、调整面宽的原则。对捐赠给教育、民政和其他福利、公益事业的财产予以免税。

（七）统一内外资企业房地产税收，实现税负公平

1. 统一内外资企业所得税制

新的企业所得税应当适用于在国内进行生产经营的所有企业，逐步减少对外资企业的税收优惠，以产业税收优惠代替地区和资本税收优惠，实现内外资企业的无差别待遇。2007年3月16日，第十届全国人大第五次会议已经正式通过了新的《中华人民共和国企业所得税法》，并自2008年1月1日起生效实施，实现了内外资企业不同所得税法的两税合并，为房地产领域其他税收负担的内外公平创造了条件。

2. 统一内资企业房地产税和土地税制

修订《房产税暂行条例》和《城镇土地使用税暂行条例》，取消对外资企业征收的城市房地产税，适用统一的房地产税法。

3. 统一耕地占用税政策

在没有取消这一税种前，至少要实现内外资企业在这一税收上的公平负担，对涉外企业也应征收耕地占用税。

4. 统一城市维护建设税和教育费附加

与前面几项税法改革的原则一样，对涉外房地产企业也应开征城市维护建设税和教育费附加。

（八）新的税收体系和三套实施方案

要制定切实可行的中国房地产税收法制改革方案，必然要对以上各方面的论述要点加以归纳，形成一部完整和系统的房地产税制改革计划。目前，对房地产税收体系改革的主流观点是对原有的6个税种（房产税、城市房地产税、耕地占用税、城镇土地使用税、土地增值税、契税）进行归并和创造，形成以物业税（或称房地产税、不动产税）和契税为中心的新房地产税收体系。具体说来，即在土地保有环节，取消房产税、城市房地产税和城镇土地使用税，改征统一的物业税；在土地取得和流转环节，取消耕地占用税和土地增值税，保留唯一的契税。同时，取消这一环节的印花税，开征遗产税和赠与税，改革所得税和营业税。

对于这一新房地产税收体系的启动，应当配套稳妥可靠的实施方案。国务院发展研究中心提出“小改”“中改”“大改”三套方案，是当前的代表性研究成果。

“小改”方案，就是把目前征收的房产税、城市房地产税和城镇土地使用税合并为统一的房地产税，只针对城市经营类房地产和工商企业法人用房地产征税，居民自住的房地产暂不列入纳税范围。这套方案的特点是征税对象和范围都与原来的税种相同，改革幅度较小，对社会的震荡不大，容易被纳税人接受。缺点是改革不深入，不能真正建立起符合我国社会发展需要的房地产税收体系，只是一个临时性的过渡策略。

"中改"方案，就是在合并房产税、城市房地产税和城镇土地使用税的基础之上，取消土地增值税，保留契税和耕地占用税，在城镇范围内构建统一的房地产税制，但对农村的土地和住宅以及城市机关、事业单位、社会团体等单位自用的房地产暂不列入纳税范围。依照该方案，将在城镇范围内实施统一的房地产税收制度，符合我国税制改革的方向。这套方案的缺点是改革幅度较大，其他配套改革措施未必能及时跟进。而且，因为改革增加了纳税人的税收负担，如何取得纳税人的理解和支持也是面临的实际问题。

"大改"方案，就是合并房产税、城市房地产税和城镇土地使用税，取消土地增值税和耕地占用税，保留契税，在全国城乡范围内同时实施统一的房地产税制。这套方案是对现有房地产税制的彻底改革，除非法律特别规定外，几乎将目前所有免征税收的房地产都纳入了征税范围，极大地扩大了房地产税的征收对象和范围，既提高了税收收入，又简化了税制，更加符合我国房地产税收法制改革的理论目标。但是，这种改革对现有制度和大众纳税心态的冲击更加剧烈，对税收立法机制、计税价格评估制度、税收征管的行政执法等要求更高、更快、更严格。因此，这种方案的改革风险也更大。①

① 谢伏瞻. 中国不动产税制设计. 北京：中国发展出版社，2006：58 – 59.

对于以上方案，总体上应根据先易后难、积极稳妥、分步骤、分阶段的原则，从“小改”方案开始，逐步深化和推进到“大改”方案，构建我国房地产税收领域的新法制和新体系。但是，我国房地产税收法制改革究竟应采取何种方案，或者应进一步考虑哪些新举措，无论是理论界还是实务界目前都还没有定论。可以说，我国房地产税制改革是一个不断发展变化的过程，还要经历一段比较长的探索时期。

四、加强税收征管

改善税收征管立法，加强我国房地产行业的税收征管，是我国房地产税法制度改革的必然内容之一。荀子云：“有治人，无治法。”这就表明人是衡量万物的尺度，是法治的主宰。无论多么科学的立法，多么完善的法制，最终还要依赖人去执行。没有严格的税收征管和执法措施，再完善的房地产税法也难以收到实效。

在房地产业竞争激烈的新形势下，某些开发商总想方设法降低成本，就会出现一些开发商拖欠税款，甚至偷漏税款的现象。北京市国税局在2006年检查了68家外商投资的房地产企业，其中有20家存在问题。这20户外商投资房地产企业申报税额7 825万元，但最后被税务局检查出问题并补缴的税款高达3 858万元，补税金额占了申报金额的近一半。①

根据纳税环节不同，房地产税可分为在房地产开发和销售阶段的纳税以及在房地产保有、流通阶段（如租赁、二手房

① 涉外房地产企业补税3 858万元. 北京日报，2007-01-20-(7).

销售)的纳税两大类。实践中偷漏税款案件主要集中在房地产开发和销售阶段。因此,房地产税收征管应针对这两类税收而有所区别,将工作重点放置于前一阶段,同时兼顾并加强房地产租赁和二手房销售环节的征管稽查。

(一)"一体化管理"的基本模式

2005年5月18日,国家税务总局发布了《关于进一步加强房地产税收管理的通知》(国税发〔2005〕82号),决定对房地产税收实施"一体化管理"。该通知基本确定了我国在当前一段时期内,对房地产税收征管的主要思路和模式。根据通知精神,我国对房地产税收实施一体化管理的总体目标和要求是:以契税管理先缴纳税款,后办理产权证书(简称"先税后证")为把手,以信息共享、数据比对为依托,以优化服务、方便纳税人为宗旨,通过部门配合、环节控制,实现房地产业诸税种间的有机衔接,不断提高征管质量和效率。这套管理模式关键在于以下五点:

1. 以契税征管为把手,全面掌控税源信息

纳税人申报缴纳契税时,要填报国家税务总局统一制定的契税纳税申报表,并附购房发票、房地产转让合同和有效身份证件复印件等有关材料。征收机关对纳税申报表及有关附件资料的完整性、准确性进行审核,审核无误后,办理征缴手续,开具统一的契税完税证明。

2. 建立信息传递机制,实现信息互通共享

税务机关依法征收契税后,应及时整理、归集包括转让

方、中介方和承受方的名称、识别号码、转让价格、转让时间、面积、位置等信息。然后,再将土地使用权承受方及其承受土地使用权的交易信息,及时传递给管理房地产开发环节的税务部门或岗位;将房地产转让方及其房地产交易信息,及时传递给管理房地产转让环节的税务部门或岗位;将房地产承受方及其承受房地产的有关交易信息,及时传递给管理房地产保有环节的税务部门或岗位。同时,各税种主管税务机关或部门也要将在税收管理过程中获取的房地产权属转移信息,及时传递给契税征收机关。

3. 及时比对信息,保证信息质量

房地产信息传递完成后,税收征管部门要利用掌握的房地产信息,分析城镇土地使用税、房产税、城市房地产税等税源变化情况,将承受方名称、识别号码,转让价格、类别等信息,与纳税人的纳税申报资料进行比对。若契税传递信息与纳税人自行申报的纳税信息不符,则需要进行核查工作,直到二者一致为止。

4. 采取简易高效的方法,及时征纳税款

当纳税信息比对结果一致后,税务征收部门要及时办理各项房地产相关税款征纳工作。征纳过程中,各地应根据实际情况,采取有效措施,简化办税程序,优化纳税服务,方便纳税人缴纳有关税收。对转让或承受房地产应缴纳的税收,如营业税及附加、个人所得税、土地增值税、印花税等,凡可在一个窗口一并征收的,可在交易双方办理产权过户或缴纳契税时一并征收。为了方便纳税人,及时掌握二手房交易价格,可在契税征收场所或房地产权属登记场所代开财产转让销售发票。有条件的地区,要争取在办理房地产权属登记的场所开设房地产税收征收窗口,争取将金融机构引入征收场所,以节省纳税人的纳税时间和纳税成本。对未申报纳税或未及时如实申报纳税的单位和个人,应及时对其进行检查稽查,催报催缴。纳税人只有持契税和其他房地产税的完税证明,方可办理房地产产权证。纳税人按期足额缴纳税款后,应及时为纳税人开具相关的完税证明。

5. 建立税源数据库,堵塞税收漏洞

即使在房地产税款征纳后,各地税务部门仍要做好后期的资料整理、分析和档案分类、保管工作。要利用现有的设备和资源,以当前契税征管中积累的信息为基础,对从房地产管理部门以及纳税申报过程中取得的信息进行整合归集,根据各地实际以省(市、区)或地区(市)或县(区、市)为单位逐步建立房地产税源信息数据库,充实、完善房地产企业户籍资料和其他纳税人户籍资料,做到数据集中,信息共享,方便查询,比对分析,促进管理。为了规范信息采集、分析和归类管理工作,各地还要创造条件逐步实现利用计算机及网络将税源数据库的信息,与纳税申报、税款入库情况进行多角度、多层次的比对,开展有关房地产税收的纳税评估,分析存在的疑点,并及时调查核实,发现漏征漏管要采取相应措施及时处理。

以上五点是我国当前在房地产税收征管过程中的工作原则和基本流程。在此基础上,房地产税收征管工作还应加以完善和改进。根据纳税环节不同,房地产税的纳税可分为房地产开发和销售阶段的纳税及房地产保有、流通阶段(如租赁、二手房销售)的纳税两大类。偷漏税款主要集中在房地产开发和销售阶段。房地产税收征管也应针对这两类税收而有所区别。

(二) 加强对房地产开发企业的税收征管

房地产开发企业的税收是整个房地产税收中最集中、份额最多的部分。加强对房地产开发企业税收管理的工作应以开发项目为监管重点,其重要作用表现在以下三点:

第一,便于控制税源。当前以契税为突破口对房地产业的税收进行一体化管理,使税收监管有了很大进步,但在税源控制上依然存在不足,对开发经营过程中收入、费用仍存在监管的滞后性。对房地产税源数据的取得是在申报环节,全部依靠纳税人的申报,这将导致部分税源数据缺失,成为制约房地产税收征管工作的瓶颈。房地产开发项目的管理是税源控制的关键,抓住项目也就控制了税源,掌握了税源数据。以房地产开发项目为税收监管重点,便于控制税源,便于税务部门对房地产项目实施全过程监控,进行各环节的动态管理。

第二,提高税收效率。因为房地产开发活动周期长,房地产开发企业经常存在跨时间、跨地域的多项目同时开发或先后滚动开发,不易分清收入、成本、费用负担对象,企业在确定收入和进行成本费用扣除时很容易通过混淆账目达到少缴税、晚缴税、不缴税的目的。同时,涉及房地产开发企业的税收(含教育费附加)种类多达 12 项,针对企业的税收计算量大且复杂,加之现在的一些税收征管工作还是手工操作,致使对房地产开发企业的税收征管效率低下。利用现代计算机信息技术,根据项目经济评价办法及现行的财务和税收管理制度,开发相应的计算机辅助系统，会大大降低税收计算的工作量，降低征管成本，提高税收效率。比如，对房地产企业开发经营的税种中占比重较大的营业税，以及城市维护建设税和教育费附加、企业所得税和土地增值税，以项目为核算对象进行税收计算，企业的账目比较清楚，对有关的收入、成本费用的扣除计算也相应简单，有利于解决企业财务管理、核算不规范的问题，有效减轻税务审查的工作量。

第三，有利于税收公平。房地产开发企业中既有规范经营的有开发资质的品牌企业，又存在无资质的开发单位，政府对各种企业的税收征管存在调控能力薄弱、力度不同的现象。而房地产开发项目是房地产开发企业是否发生经营活动的关键，是决定是否对开发行为、开发企业征税的关键。以房地产开发项目作为税收监管重点，只要属于房地产项目的转让和开发经营行为，就必须缴纳有关的营业税、城市维护建设税和教育费附加、企业所得税和土地增值税等。这样，既可以管理有资质、规范经营的企业，又可以改变过去对无资质单位通过炒卖土地、以集资建房和旧城改造等名义进行房地产项目不规范开发的弱于管理、调控不力的状况，做到税收公平，规范房地产开发的市场秩序。此外，通过对以房地产开发项目为重点进行征管，可以促使企业按照国家关于房地产开发项目管理的要求、项目经济评价的办法和财务会计制度，建立更加全面系统的房地产开发项目管理体系，促进企业科学化、规范化运营。

基于以上三点原因，必须对房地产行业加强以税源控制为目标，以房地产开发项目为中心的征管工作。对外而言，税务机关要贯彻税源控制原则，加强对企业经营和财务工作的管理。具体包括规范企业资金收支渠道,严格执行票据操作规程,要求企业使用规范统一的发票和收据,充分利用会计电算化的优势,严格执行会计准则,规范企业财务核算,加大税务部门对企业的财务审核,确保报税查税基础资料的完整和真实。对内而言,税务部门要加强稽征人员的学习培训,不断提高税务管理者的职业技能和综合素质。此外,税务部门要加强与相关行政管理部门之间的信息交流和配合。一项房地产业务必然牵涉到规划、建设、城管、房产、工商、环境、金融等多个管理部门。税务部门应加强与这些部门的沟通联系,充分利用现代网络技术,及时交换信息,力争对辖区内的房地产项目心中有数,及时管理,足额征收,疏而不漏。

(三)加强对租赁和二手房交易的税收征管

除了房地产开发企业的税收征管外,对个人出租房产、转让房产或经营保有房产的税收征管也应加强。这些领域的房地产税收相对于房地产开发企业而言数量较小,但也是房地产税收体系的重要部分,而且随着市场经济的发展和人民群众生活水平的提高,个人出租、转让、出典、使用自有房屋经营的现象更加频繁,尤其是个人买卖住房的二手房市场逐渐走强。特别是对个人转让房产所征收的营业税、契税、土地增值税、个人所得税,还牵涉到国家以税收为杠杆对房地产市场进行宏观调控的目标,对转让房地产行为的税收征管就显得愈发重要。这方面的税收征管工作应以合同、票据、稽查为三个要点。

合同要推行统一编号、规范化的《房屋租赁合同》和《房屋转让合同》,以标准合同为房产出租或转让的第一步,从源头上加强市场监管。房产出租和转让的票据必须使用专用发票，加强发票的领售和检查，明确发票开具日即为纳税义务发生时间，纳税期限为10日或1个月。期限届满而不申报纳税者，一旦查出，即严格追究。稽查方面，除了由纳税人主动申报纳税外，税务管理部门尤其是各稽查局要加强对房屋租赁和二手房交易的检查审核。在对零星交易和零散的市民纳税人稽查有困难时，可以首先抓住房产中介和银行两个突破点，规范并且利用房产中介和银行信息，加强税收管理。

（四）进一步完善产权登记制度

房地产税作为一种财产税，理论上应向房屋的产权人征收，所以应该明晰产权关系，建立完善的财产登记管理制度。这是对一切房地产进行估价和计税的基础，也是国家房地产税收法制改革的前提。这方面改革的大致内容包括：首先，在开征物业税或进行其他大规模的房地产税收制度改革前，在全国范围内开展房地产清查。清查部门应当建立起对房地产位置、权属及面积等的详细记录，并严格按照国家档案规范归库保存、分类细化，为产权登记提供真实有效的基础资料。其次，强化房地产产权登记制度，推行房地产实名制，对购房者房屋的面积、位置、原始价格等信息进行有效的管理。再次，及时将有关资料信息输入计算机，通过计算机联网，使各地房管和税务部门资源共享，以便迅速查阅各种纳税信息。第四，要严厉禁止房地产私下交易，打击房地产市场的违法交易行为，确保产权登记和纳税基础资料的全面覆盖与真实可靠，为房地产合理估价、准确及时征税提供服务。

（五）建立健全房地产价格评估制度

目前，我国房地产计价和计税时也有评估的制度和要求，但资料采集标准不统一，主管机关众多，对评估机构的管理以及对从业人员的执业要求和管理缺乏明确的法律法规，需要在房地产税制改革中加以建立健全。目前，我国共有两个国家级房地产评估标准，一部是建设部制定的《房地产估价规范》，另一部是国土资源部制定的《城镇土地估价规程》。随着房地产税收法制以及国家整体经济体制的进一步改革，合并这两部标准，制定涵盖面更加广泛，内容更加完善的房地产价格评估法律和体系，加强对房地产价格评估工作的法制化管理，是必然趋势。

五、建立公正高效的司法机制

孟子云："徒法不足以自行。"法制化的实现必然伴随着法律责任的落实和执行。目前，我国税收领域（包括房地产税收领域）的偷漏税款现象严重，但处罚措施一般都是经查实后对当事人处以行政处罚，通常是由税务机关直接作出处罚决定。只要情节不够刑法的标准，都不会移交司法机关并追究刑事责任。另外，在税收领域中相对税务机关对纳税人的行政处罚而言，纳税人因不服处罚而提起行政复议的较少，提起税务行政诉讼的就更少。

1. 税务诉讼少的主要原因

税务诉讼（行政诉讼或刑事诉讼）很少的原因主要有四

点:第一,税务纠纷相对较少,提起诉讼的基数相对较小。特别是随着依法行政,依法治税理念的深入,税务机关的征税质量不断提高,只是纳税人不服税务机关的征收和处罚决定而需要提起的诉讼相对于其他诉讼而言并不多。第二,民众中传统的畏讼避讼观念依然存在。中国传统文化中一直有畏讼厌讼的观念,在民众相互之间如此,在民众与政府的所谓官民关系上更是如此。民众在政府机关面前,尤其是在税务局这类直接执法的行政机关面前,忍让、退避、能不打官司就不打官司的心理仍然相当普遍。第三,我国《税收征收管理法》规定了征税行为复议前置原则。这条原则使得多数税收征管方面的纠纷首先会被行政复议所消化,不用再进入下一步程序,就相对限制了税务行政诉讼的受案范围,更加减少了税务诉讼。第四,《税收征收管理法》规定了税务行政机关广泛的行政处罚权,除非违法情节严重,给国家造成重大损失,涉嫌犯罪者必须移送司法机关追究刑事责任,其余的都由税务机关直接予以行政处罚。因此,这也使大多数税收违法行为被处理在行政行为阶段,无需进入司法程序。

目前在国内发生的涉及房地产税收方面的诉讼案件中,第一类主要是由于纳税人不服税务机关的征税或处罚决定的行政诉讼,第二类主要是由于纳税人或有关人员涉嫌税收犯罪而被检察机关提起的刑事诉讼。前者如 1997 年 5 月 20 日,王纪荣不服江苏省扬中市财政局对其征收契税并加征税收滞纳金 310.44 元,处以 1 万元罚款的处罚决定而向江苏省扬中市人民法院提起的行政诉讼。该案在二审阶段因原告

(一审上诉人)王纪荣主动撤案而终结。① 后者如广西柳州市庄承房地产开发公司在2001－2004年间利用虚开发票,扩大成本,减少利润等方法偷逃税款1 100余万元,构成偷税罪。2007年初,柳州市鱼峰区人民法院依法判处庄承公司罚金2 250.389 484万元。同时,法院以犯偷税罪判处被告人陈某有期徒刑5年,并处罚金1 125.194 742万元;以犯职务侵占罪判处被告人陈某有期徒刑5年。数罪并罚决定对被告人执行9年有期徒刑,并处罚金1 125.194 742万元。②

2. 税务诉讼应遵循的原则

虽然税务诉讼相对并不多,具体到房地产税收方面则更少,但诉讼毕竟是和平解决纠纷的最后手段,是保障税收征纳双方合法权益,维护国家税收秩序和财政安全的底线,因此税务诉讼是税法研究(包括房地产税收法制研究)中不可或缺的环节。税务诉讼是行政诉讼或刑事诉讼中的一种,它除了具有诉讼的普遍原则,如司法独立、法律面前人人平等、合议、回避、公开审判、两审终审、辩论等原则外,还另外具有自身的特有原则。

在具体的税务诉讼(包括房地产税务诉讼)中,为改进我国的税务诉讼工作,本书认为应特别注意以下几点:

第一,应进一步明确各级税务机关的行政主体资格。在日常工作中,能够对房地产企业和其他纳税人进行税款征收、

① 祝铭山.典型案例与法律适用(行政类)——税务行政诉讼.北京:中国法制出版社2004:1－71.

② 偷税一千万被罚二千万外加九年徒刑,庄承公司偷鸡不成蚀把米.中华工商时报,2007-2-28.

税务稽查工作的税务机关可能是国家或地方税务局、税务分局的职能处室，也可能是相对独立的稽查局或稽查分局，或其他专业化的分局。这些处室或分局是否有独立的行政主体资格，能否单独地行使行政处罚权，以及能否独立地成为税务诉讼中的主体一方？这些问题有时难免给税务诉讼造成困难。国家应当对这些税务机关的行政主体资格作一次统一和明确的界定，减少税务诉讼中因主体资格认定所造成的原被告双方争议。

第二，应进一步明确行政诉讼中举证责任倒置的原则，促使税务机关在日常征管工作中注意加强对涉案证据的调查收集。做好证据调查工作，为开庭后的举证责任创造便捷，既有利于提高诉讼效率，节约诉讼成本，也有利于改进税务机关的税收征管工作，保障纳税人的合法权益。

第三，贯彻程序公正，严格诉讼程序。程序公正以实现正当程序为核心，要求诉讼中的一切活动都必须遵守法律规定的合理程序和规则，“凡是剥夺某种个人利益时必须保障他享有被告知权、陈述权和倾听的权利”。程序公正产生和完善于英国法，“是英美法中人权保障的根本原则”①。无论是传统的中华法系，还是传统的中国行政观念里都有重实体轻程序的特征。只有公正的程序才能保障公正的权利。改革我国税务行政和税务诉讼（包括房地产税收）的执法及司法理念要点之一就是加强程序建设，保障纳税人在税务行政和税务诉讼中的合法权益。此外，市场经济发达国家普遍设立了税务警察和税务法庭，以强化税收行政执法的效率，提高涉税诉讼的

① 樊崇义. 刑事诉讼法专论. 北京：中国方正出版社，1998：388.

独立性,减少地方行政干涉。我国在推动房地产税收法制变革的制度设计中,也可以考虑设立税务警察和税务法庭,以此打击房地产税收领域的违纪或违法犯罪现象,维护房地产税收征管的正常秩序。

改革现行的房地产税收或整个税务行政诉讼司法制度,降低司法成本,提高诉讼效率,建立公正高效便民的司法体系和制度,是完善我国房地产税收法制的重要任务之一。

六、改革其他配套制度,培育现代税收意识

房地产业已成为我国经济的支柱性产业之一,与民众生活息息相关,对社会和谐和国家发展的影响举足轻重。房地产税收体系改革不能仅仅从税收制度自身出发,还应将视野放大到更宽阔的社会层面。除直接相关的行政收费制度改革已引起社会各界高度重视外,行政体制和其他经济制度改革、文化环境建设也必不可少,尤其体现在以下三个方面:

1. 建立新型房地产和市政管理体制

房地产税收法制的改革与房地产管理制度必然密切相关。改革现行房地产管理体制,改变目前政出多门、多头管理的积弊,理顺城市土地管理、建筑管理、房屋管理、物业管理、社区管理中的权责关系,是房地产税收法制得以顺利贯彻执行的前提条件,政府对此应当有宏观统一、精简高效的统筹。同时,还应当改革和完善与房地产业相配套的市政管理体制,如为房地产开发和使用提供水、电、燃气、市政等服务的公共事业管理。目前,这些公共领域基本上都属于国有企业,经营

具有垄断性。改革应当在这些领域中进一步引入市场竞争机制,促使其经营成本、利润和价格的透明化、合理化。对暂时无法引入市场竞争机制的服务项目,也应当采用价格听证、专家评估机制,从而打破行业垄断、降低房地产开发成本,动态地调节公共产品、准公共产品的供给价格。①

2. 促进政府转型,建立服务机制

收税是政府的行为,决定税收效率的根本因素是全国的经济和社会环境,但直接的因素还是税收机关的工作方法和效率。房地产税收体系的改革,既要关注法律制度的改革,也要关注执法机制、执法者素质、执法效率的改革和提高。就目前而言,尤其要注重税务行政执法机关对自身工作性质的定位。税收机关不能仅仅将纳税视为民众应尽的义务,将收税视为政府控制和管理社会的特权。政府存在的根本意义在于为民服务,税收是政府与社会的一份契约,是政府为民众提供公共产品的前提。收税作为政府一项权利的同时,也意味着政府必须履约,必须承担回报社会的义务。政府应当本着服务社会的目的设计税收实体和征管机制,尽力扩大对社会的服务,缩小对社会的干预。如尽可能将可以由市场承担的估价、测绘等中介服务交给市场承担,政府主动退出这些领域。这样做,既有利于端正政府认识,引入竞争机制,提高服务效率,也有利于减少政府控制环节,减轻政府负担。此外,政府在实现由控制型向服务型转变的同时,还应建立高效透明的

① 方建国. 中国房地产税费体制改革的制度研究. 科技进步与对策,2003(10)(下半月):170.

监督机制,加强民众对事关切身利益的政策法制的参与和了解,加大社会对政府立法、执法、司法行为的监督。这项改革既有利于现代服务型政府的建设,有利于房地产税收法制的推广执行,也有利于转变民众认为税收就是经济负担、能逃税就逃税的传统观念,促进现代税收意识的建立。

3. 加大税收权利宣传,培育现代税收意识

税务机关要加强房地产税收法律法规和政策的宣传,不仅告诉民众税收是取之于民、用之于民,依法纳税是每个公民的法定义务,而且还有责任告诉民众税法既规定民众纳税的义务,也赋予纳税人依法保障自己财产的权利,纳税人既有依法抵制多征税或乱征税的权利,也有依法监督税务行政机关的权利。在新型市场经济条件下,务必使民众知道税收是国家建设和供应公共产品的资本,纳税既是为全社会服务,也是服务于纳税人自己。税收是文明的对价,纳税是实现“人人为我,我为人人”,是构通个人和社会和谐的桥梁。在一个法治社会中,作为税收保障的税法是一把双刃剑,它不仅规定民众义务,也赋予民众权利;不仅制约纳税人,也制约政府。政府应当改变传统法制宣传中义务当先、义务本位的做法,将纳税人依法享有的权利告知纳税人,使他们能够运用税法保护自己的合法权益。这样,群众才会对税法真正信服,才能真切体会到纳税的必要性,才会有自觉纳税的意识。美国法学家伯尔曼有言:“法律必须被信仰,否则它形同虚设。”税法必须被纳税人真心接受,否则只会激起更强烈的偷税逃税意识。此外,政府应当继续坚持反腐倡廉,依法处治依仗国家征税权力而贪污腐败的税务官员。

总之，房地产税收是国家的征税权和民众的住宅权及生存权的交叉结合点。化解权利冲突，寻求权利平衡与和谐，是房地产税收立法的基本价值追求。为此，我国在进一步改革开放和发展社会主义市场经济中，必须制定科学、合理的新型房地产税收法制。这种法制应以人为本，兼顾公平与效率，以“宽税基、少税种、低税率、严征管”为基本原则，以“明租、正税、清费”和“重保有、轻流转”为改革方向，创制以物业税为中心的房地产税收法律体系，强化税收在房地产租税费体系中的核心地位。再辅以创建服务型的政府机构制度、严格的税收征管制度、完善的税收司法制度和培育现代的税收意识，这种新型的房地产税收法制就既能够保障地方财政，又能够调节市场供需，维护房地产业的正常秩序，促进房地产业的健康发展，为实现国家经济建设与民众生活质量的和谐与同步提高而服务。

参 考 文 献

一、著作类

[1] 王洪卫,陈歆,戴扬,等. 房地产租费税改革研究. 上海:上海财经大学出版社,2005.

[2] 邓宏乾. 中国房地产税制研究. 武汉:华中师范大学出版社,2001.

[3] 叶剑平. 房地产估价. 北京:中国人民大学出版社,2002.

[4] 刘佐. 社会主义市场经济中的中国税制改革(1992 - 2002). 北京:中国税务出版社,2002.

[5] 刘志城. 中华人民共和国工商税收史长编. 北京:中国财政经济出版社,1998.

[6] 孙翊刚. 中国赋税史. 北京:中国税务出版社,2003.

[7] 安体富,王海勇,等. 当前中国税制改革研究. 北京:中国税务出版社,2006.

[8] 许善达,等. 中国税权研究. 北京:中国税务出版社,2003.

[9] 李进都. 房地产税收理论与实务. 北京:中国税务出版社,2000.

[10] 杨文利. 中国税权划分问题研究. 北京:中国税务出版社,2001.

[11] 财政部《税收制度国际比较》课题组. 日本税制. 北京:中

国财政经济出版社,2000.
[12] 财政部《税收制度国际比较》课题组.台湾税制.北京:中国财政经济出版社,2002.
[13] 财政部《税收制度国际比较》课题组.法国税制.北京:中国财政经济出版社,2000.
[14] 财政部《税收制度国际比较》课题组.英国税制.北京:中国财政经济出版社,2000.
[15] 财政部《税收制度国际比较》课题组.美国税制.北京:中国财政经济出版社,2000.
[16] 陈多长.房地产税收论.北京:中国市场出版社,2005.
[17] 金俭.中国住宅法研究.北京:法律出版社,2004.
[18] 金俭.房地产法研究.北京:科学出版社,2004.
[19] 金鑫,等.中华民国税收史:中华民国工商税收史纲.北京:中国财政经济出版社,2001.
[20] 夏国祥.近代中国税制改革思想研究.上海:上海财经大学出版社,2006.
[21] 郭东旭.宋代法制研究.保定:河北大学出版社,2000.
[22] 黄天华.中国税收制度史.上海:华东师范大学出版社,2007.
[23] 傅光明,等.中国财政法制史.北京:经济科学出版社,2002.
[24] 谢伏瞻.中国不动产税收政策研究.北京:中国大地出版社,2005.
[25] 谢伏瞻.中国不动产税制设计.北京:中国发展出版社,2006.
[26] 蔡耀忠.中国房地产法研究.北京:法律出版社,2002.

二、论文类

[1] 史龄. 构建合理的房地产租税调节体系. 税务研究,2005(5):34－36.

[2] 安体富,王海勇. 重构我国房地产税制的基本思路. 税务研究,2004(9):8－11.

[3] 吴利群,王春元. 我国房地产税税率设计及税负测算分析. 广西财经学院学报,2006(4):14－17.

[4] 张守文. 税权的定位与分配. 法商研究,2000(1):43－49.

[5] 李玉庆,沈甫明. 房产税税收征管的调查与建议. 税务研究,2005(3):84－87.

[6] 李明,练奇峰. 试析房地产税基评估技术标准. 税制改革研究,2006(5):59－62.

[7] 陈锦洪. 试论我国房地产税制改革. 扬州大学税务学院学报,2003(6):10－12.

[8] 苑新丽. 国外房地产税制的特点及启示. 税务研究,2004(7):57－60.

[9] 贾康. 关于房地产税费改革思路与要点的认识. 上海财经大学学报,2005(4):3－7,22.

[10] 崔晓青. 房地产企业税收征管计算机辅助系统研究. 税务研究,2005(12):72－74.

后　　记

本书的基础是本人主持的浙江省教育厅科研项目——“中国房地产税收法制改革研究”。这十几万字也能忝列高贵的书籍之林，首先根植于学界既有的深厚积累。我在文中对所引用材料尽力作了注解，不当之处，敬请海涵。衷心感谢所有相关的专家前辈。

我之走上财税法学的研究道路，关键受益于浙江财经学院法学院的曾章伟老师、王鸿貌教授、杭州求是专修学校的陶善贵校长、我们家的“当家人”吴春晖女士。是曾老师的热情“催逼”、王教授的奖掖提携、陶校长的率真精湛、夫人的淡泊聪慧，才将我推到了财税法学门墙前，让我看到这也是一片可以踏入的园地。感谢我所服务的单位——浙江财经学院在四年内两次为我提供出版资助。这一切都已融入我的人生历程，无以磨灭。

感谢浙江财经学院的黄卫华老师、葛夕良老师欣然加盟课题组。祝愿我们友谊长存。

一本图书的面世总要凝聚许多人的苦心与汗水，就本书而言，尤其是我的父亲和江苏大学出版社。是父亲在今年6月8日，第一个告知我江苏大学在当天成立出版社的消息。正是这个喜讯，促使我当即决定将书稿提请该社出版。这既是对母校欣欣向荣的祝贺，也是聊表游子对母校、对故乡的拳拳之心。出版社吴明新社长很快应允了我的申请。出版社陈燕编审、许龙编辑敬业地对书稿进行了反复编校。没有父亲的关爱、母校的发展，就不会有今天这部作品。因此，我要特别道一声“感谢”！虽然这只是滴水之于大海的酬报。

行文至此，我的房地产税收法制研究就暂告一段落了。作为当初学术追求的标识，今日完成科研项目的急就章，停笔之际，喜悦与遗憾相杂，难以名状。回首往事，最大的感触是这段征程为我开拓了视野，增长了知识，使我望见了财税法学界和房地产法学界的诸多美丽风景。我希望自己能在这片园地里继续耕耘，并且有所收获。

杨大春

2007年11月于杭州见山楼